1、2016年江苏高校哲学社会科学研究项目《南通竞技体育后备人才培养历史研究（1902-2014）》研究成果，课题编号：2016SJD890013

2、2021年南通市社科基金项目《张謇幼儿体育研究》研究成果，课题编号：2021CNT023

竞技体育后备人才培养环境的创设与科学训练探索

王立华 著

SPM 南方传媒 | 广东人民出版社

·广州·

图书在版编目（CIP）数据

竞技体育后备人才培养环境的创设与科学训练探索 / 王立华著 . — 广州：广东人民出版社，2021.12

ISBN 978-7-218-15507-4

Ⅰ . ①竞… Ⅱ . ①王… Ⅲ . ①竞技体育－人才培养－研究－中国 Ⅳ . ① G812

中国版本图书馆 CIP 数据核字（2021）第 257614 号

JINGJI TIYU HOUBEI RENCAI PEIYANG HUANJING DE CHUANGSHE YU KEXUE XUNLIAN TANSUO

竞技体育后备人才培养环境的创设与科学训练探索

王立华　著

出 版 人：肖风华

责任编辑：李力夫
责任技编：吴彦斌　周星奎
装帧设计：崔　蕾

出版发行：广东人民出版社
地　　址：广州市海珠区新港西路 204 号 2 号楼（邮政编码：510300）
电　　话：（020）85716809（总编室）
传　　真：（020）85716872
网　　址：http://www.gdpph.com
印　　刷：北京亚吉飞数码科技有限公司
开　　本：710mm×1000mm　1/16
印　　张：13.25　　**字　　数**：205 千
版　　次：2022 年 6 月第 1 版
印　　次：2022 年 6 月第 1 次印刷
定　　价：65.00 元

如发现印装质量问题，影响阅读，请与出版社（020-85716849）联系调换。
售书热线：（020）85716826

前言

伴随着时代的发展和进步，竞技体育在当今时代背景下逐渐成为社会文化发展的典型代表。竞技体育在社会发展的过程中扮演着十分重要的角色。因此，受到诸多国家的高度重视。各个国家都非常重视竞技体育后备人才的培养，竞技体育的竞争归根结底是后备人才的竞争，只有挖掘与培养出大量的高水平的后备人才，才能稳固一个国家竞技体育发展的地位，才能促进竞技体育的可持续发展。

纵观当今世界上的竞技体育强国，它们在各个竞技体育项目上都有均衡的发展，都有自身优势的体育项目，突出表现在田径、各大球类运动等，而这些项目的发展则是我国所欠缺的。以美国为代表的一些西方体育强国，通过长时间的努力发展，取得了不少成功的经验，在教育系统中培养出了一大批竞技体育成绩顶尖、文化素质高的优秀运动员。这与我国形成了鲜明的对比。虽然我国近些年来有一部分省市也采取了一些应对竞技体育后备人才培养中出现问题的措施，汲取了西方体育强国的先进经验和发展的理念，取得了一定的成效，但总体而言，在竞技体育后备人才的培养方面仍然处于一个比较落后的局面，还需要今后大力发展。

目前，我国竞技体育后备人才的培养，无论是在物质环境、制度环境，还是文化环境等方面都存在一定的问题，整个竞技体育后备梯队建设比较缓慢。另外，竞技体育后备人才训练体系的建设也不完善，突出表现在训练理念相对落后、训练手段与方法更新不及时、训练模式等方面的创新不足等，这在很大程度上制约和影响着后备人才训练水平和竞技能力的提升。

为保证我国竞技体育的健康发展，并培养一大批高素质的竞技体育后备人才，近些年来我国政府相关部门也制定与颁布了相关的政策。如2017年，国家体育总局、教育部联合制订并印发了《关于加强竞技体育后备人才培养工作的指导意见》；2018年国家出台的《关于进一步加强运动员文化教育和运动员保障工作的指导意见》要求拓宽体育运动学校运动员培养输送通道；2020年，国家体育总局和教育部印发了《关于深化体教融合促进青少年健康发展的意见》（以下简称《意见》），该意见提出了8个方面37项政策措施，以促进青少年健康发展和加强竞技体育后备人才培养。这些都为我国竞技体育后备人才的培养提供了良好的政策保障。

本书通过文献资料法、问卷调查法、数理统计法等方法，对我国竞技体育后备人才培养情况进行细致的调查与研究，分析我国竞技体育后备人才的现状，找出制约我国竞技体育后备人才发展的因素，然后提出可行性的解决对策，从而为促进我国竞技体育的可持续发展提供科学的理论与事实依据。

本书共有九章，第一章主要阐述了本书的研究背景、研究依据、研究意义和研究方法等内容，并详细概括与总结了当今国内外竞技体育后备人才的研究现状。第二章至第五章分别研究与分析了竞技体育后备人才培养的物质环境、社会环境、文化环境、教学与训练环境的创设等多方面的内容，以此可以构建一个完善的竞技体育后备人才培养体系。第六章以前五章内容为依据对我国竞技体育后备人才培养做了实证分析，主要以南通市竞技体育后备人才的培养为例，分析了南通市竞技体育后备人才培养的环境建设，总结了南通市竞技体育后备人才培养的经验，能为我国其他省市竞技体育后备人才的培养提供有益的借鉴。第七章至第九章主要研究与分析了竞技体育后备人才的训练，主要包括后备人才的基础能力训练和核心能力训练两个部分，同时还重点分析了竞技体育后备人才培养与训练的发展趋势及策略。

本书内容丰富、结构完整、逻辑严谨，高度重视理论与实践的结合，对竞技体育后备人才培养环境的研究具有一定的前沿性和创新性，能极大地丰富我国竞技体育的理论研究体系，关于竞技体育后备人才训练的研究则能为广大的后备人才的运动训练提供一定的帮助。

本书在撰写的过程中参考和借鉴了大量的有关竞技体育及后备人才方面

的书籍和资料，在此向有关专家及学者致以诚恳的谢意。由于时间和精力有限，不足之处在所难免，恳请广大读者批评指正，以便日后进一步完善。

作者

2021年7月

目　录

第一章　绪论

优秀的竞技体育后备人才是竞技体育的生命之源、发展之本。竞技体育后备人才的培养和训练问题一直都很受体育界的关注，学术界在这方面也有大量的研究。随着我国社会改革的全面深化，竞技体育的市场化发展水平越来越高，在新时期如何立足国情，坚持科学发展观和人才创新观而培养竞技体育人才，优化培养环境，提高专项训练水平，从而推动我国竞技体育持续健康发展，这是亟待研究的重大课题。本书就重点对竞技体育后备人才培养环境创设与科学训练展开研究与探索，本章先探讨本书的基本研究情况，包括研究背景、选题依据、文献综述、研究目标与意义以及研究思路。

第一节　研究背景

一、国家发展战略和体育发展战略转型的背景

现阶段，我国国家发展战略发生了转变，突出表现为由对“量”的注重转变为对“质”的发展的注重。为更快更好地实现这一转变，国家在很多领域都进行了结构层面的调整，并大力发展科技，强调创新，实现集约型发

展。在国家发展战略转型的宏观背景下，我国各项社会事业的发展都面临着转变发展方式的改革需求，各项事业要实现顺利转型，就要从调整结构、优化手段、提高质量以及促进效益等几方面着手，这为体育事业的转型发展提供了方向。

在新的战略背景下，我国在体育事业方面提出以推动体育发展方式的转变作为进一步发展体育事业的主线，提倡采取集约型发展方式，依靠科技、人才来实现体育事业的强大和繁荣，要紧紧跟随国家发展战略的动态变化而调整体育事业的发展方向，注重“质”的发展，并大力发展体育科技，注重培养体育人才，发挥科技、人才在体育事业发展中的重要作用。体育事业发展战略是随着国家发展战略的转型而转型的，二者保持高度的一致，体育各个领域的发展方式也要与整体体育事业发展战略保持一致，落实到竞技体育领域，就要加强对优秀后备人才的培养，提高后备人才的成材率，提高专项训练水平，最终提高比赛成绩。这是战略转型背景下我国竞技体育发展的重要任务。为尽快落实竞技体育发展方式的转变，尽快落实人才培养规划，国家根据体育事业整体发展战略而调整了青少年体育事业的战略重心，强调青少年体育工作的主要任务是增强青少年体质和培养竞技体育后备人才，并规定由青少年体育司（隶属国家体育总局）主抓这两项工作，为国家培养优秀的竞技体育运动员，并面向青少年群体对体育公共服务体系予以构建和完善。国家重新调整青少年体育发展战略后，我们要将青少年体育的普及与提高兼顾起来，既要让青少年养成良好的体育锻炼习惯，增强体质，又要重点培养优秀的青少年，为国家输送优秀的运动员人才。“少年强，则国强”。国家体育事业的强大也要建立在青少年体育的基础上，不管是发展群众体育，还是发展竞技体育，青少年体育始终都是基础。竞技体育可持续发展的根基是拥有源源不断的后备人才，不断培养后备人才才能不断为竞技体育的发展注入新鲜的血液。

此外，当下我国正处于由体育大国迈向体育强国的历史进程中，体育强国是世界各国体育综合实力的比较，体育人才的比较占据很大的比重，因此在体育强国战略背景下培养竞技体育后备人才迫在眉睫。我国还专门制定了政策法规来支持对竞技体育后备人才的培养，为开展人才培养工作指明方向，如《奥运争光计划》《青少年体育十二五规划》《奥运项目后备人才培养中长期发展规划》等。为了促进竞技体育后备人才培养渠道的进一步拓展，国家体育总局在发布的《体育发展“十三五”规划》中强调将社会各界力量积极调动起来，集中各界力量而对竞技体育后备人才培养体系予以完善。国务院于2017年又出台《关于进一步加强竞技体育后备人才培养工作的指导意见》，进一步指出在培养竞技体育后备人才的过程中要鼓励与引导社会力量的参与，加强对形式多样的青少年体育训练机构的创办，吸收社会资本建设青少年训练基地和训练中心。不仅如此，构建我国竞技体育运行和管理机制，既要有政府的引导，也要有社会的参与和配合，建立国家和社会相结合的新机制，从而在国家与社会的协调配合下培养出更多更优秀的竞技体育后备人才，推动我国竞技体育的可持续发展。

二、我国竞技体育发展背景

一个国家或地区竞技体育的发展水平充分反映了本国或本地区政治、经济、科技、教育等多方面的发展实力及综合实力。竞技比赛中运动员的竞争结果是国家或地区竞技体育后备人才培养效率和质量的直接反映。因此，任何一个国家或地区要提升综合国力或综合实力，就要大力发展竞技体育，而要在竞技赛场上取得优异的成绩，就要注重对竞技体育后备人才的培养，在竞技体育事业中，对竞技体育后备人才的培养始终都是不可忽视的重要任务。

新中国成立以来，我国体育事业蓬勃发展，青少年体育工作的开展虽然过程艰难，但也取得了瞩目的成绩。改革开放后，我国体育事业获得了新的生机，竞技体育的发展迎来了辉煌，青少年体育训练水平也不断提升。我国以培养竞技体育后备人才为主要任务的体校和体育训练机构不断增加，参加体育训练的青少年也不断增加，在青少年体育训练不断发展的基础上，我国培养出了一批优秀的后备人才，进一步推进了我国竞技体育的发展。而且我国优秀运动员在世界各大赛事中取得的优异成绩令世界各国瞩目。运动员在世界体育竞赛场上取得好成绩，为国家争得荣誉，与国家支持与关怀竞技体育事业以及我国不断增强的综合国力是分不开的，而且也与我国职业/业余体育训练全面而稳定地开展密不可分，这其中也有教练员、科研人员、后勤人员等无数体育从业者的无私奉献，是上下一条心的伟大成果。体育强国战略的提出为我国竞技体育的发展指明了努力方向，为完成这一战略目标，我们必须心向国家，放眼国际，对竞技体育后备人才进行有目的、有计划、高质量的培养，这是现阶段我国竞技体育发展的根本，也是贯彻实施“奥运争光计划”的重要着眼点。

但是需要注意的是，我国竞技体育的发展也存在一些不可忽视的重要问题，尤其是在社会转型期，这些问题和矛盾更加突出，竞技体育事业面临的挑战越来越大，随着我国改革开放政策的实施，政治体制和经济体制进入转型期，社会主义市场经济的逐步建立，体育事业的改革逐步深入，竞技体育面对新的挑战，亟待解决的问题也越来越多。从我国在近几届奥运会上取得的成绩来看，虽然总金牌数和总奖牌数名列前茅，为世人瞩目，但一些传统项目或曾经的优势项目逐渐失去了风采和优势，而且我国在金牌大户——田径运动项目上获得的金牌并不多。

我们一直强调，培养竞技体育后备人才既是竞技体育可持续发展的基础，也是关键，因此在这方面展开深入探究很有必要。市场经济体制下，社会上出现了很多青少年运动训练与培训机构，社会办学的大环境发生了改变，再加上现代就业观念的变化、社会对全面型人才的高需求以及退役运动员出路少等现状，有越来越多的家长都不愿意将自己的孩子送去参加运动训练。不仅如此，政府部门也毫不避讳地指出了青少年竞技体育人才培养与训练中存在的一些问题，如组织机构不健全，体校办学质量低，项目布局不合理，选材不科学、缺乏长远规划，学训矛盾突出、人才培养环境恶劣等，这些实实在在存在的问题说明我国竞技体育的发展形势严峻。在社会大环境不断变化的情况下，这些问题更加复杂，如不从根本上解决，问题会越来越多，越来越严重，从而将对我国竞技体育的稳定、持续发展造成严重的制约。为避免陷入一发不可收拾的处境，我们必须正视竞技体育发展中尤其是后备人才培养中存在的问题，切实从实际出发解决问题，扫除障碍，提高竞技体育后备人才培养效率和质量，为我国竞技体育的可持续发展奠定扎实的基础。

第二节　选题依据

一、运动员传统培养方式的问题引发的思考

随着我国社会经济、文化环境的变化，传统的运动员培养方式同社会发展已经不相适应，弊端不断凸显。例如，体育部门和教育部门在人才管理上脱节；社会上体育人才培养机构尚不健全；运动员运动成绩与文化水平之间的矛盾不断深化；运动员奖励制度不完善；运动员退役后的出路少；运动员培养环境不健全；运动员训练不够系统等一系列问题不同程度上阻碍了我国竞技体育的发展。这些问题引发了广大学者和体育工作者的思考，优化培养环境、提高训练水平，探寻一条适合社会经济发展的培养路径非常必要。[①]

二、贯彻国家《奥运争光计划》的需要

奥运比赛成绩是我国竞技体育发展水平和运动员培养质量最好的证明。近几届奥运会，无论是金牌榜，还是奖牌榜，中国奥运代表团都名列前茅。显然，当前的训练体制是竞技体育成功的一个重要原因。与举国体制密切相关的竞技体育后备人才关系到竞技体育的可持续发展，关系到运动员的长远

① 汪悦.“企校合作型”竞技体育后备人才培养方式的个案研究[D].西南大学，2020.

利益。党中央、国务院一直高度重视体育工作，强调在继续强化运动训练的同时，几种优势力量培养少数优秀苗子，建立一批高水平的后备人才基地，作为实施工程和实现奥运争光计划的重要保证。

三、培养竞技体育后备人才是推动竞技体育发展的必要举措

培养竞技体育后备人才是我国竞技体育发展的一个重要组成部分，人才培养单位承担为国家现代化建设培养高素质、高层次应用型体育人才的重任。目前，以体校为基础的三级训练体系依旧是我国竞技体育训练的主要模式，它对应的是“金字塔”人才培养体系。在这一体系中，国家队、省市区优秀运动队等训练单位承担着培养高水平运动员和为国争光的任务；各级各类体校、体育传统项目学校、青少年体育俱乐部等培养单位承担着为省市区高级训练单位（优秀运动对等）输送后备人才的重要任务。[①]

四、“新常态”下我国竞技体育后备人才培养的诉求

“新常态”一词在我国首次提到是在 2014 年，可将新常态理解为是由常态—非常态—新常态逐渐发展的，中国经济的发展按此规律逐一推进。因此，我国应将此看作是一种挑战，应对心态应积极主动一些。“新常态”一词通常被用于经济方面，经济所面对的新常态现象势必会影响到对事物的理解及思考等，进而涉及其他领域，如竞技体育中运动员培养等。新常态的三大特征是速度、结构、动力，这同样适用于竞技体育后备人才的培养，例如，竞技体育后备人才数量的增加不再是原来的快速增长，各项目、各地区

① 李广.江苏省淮安市竞技体育后备人才培养研究[D].苏州大学，2017.

的资源结构亟待优化，要素、投资等驱动的培养动力正逐步创新。由此，在新常态时代背景下我国竞技体育后备人才的培养要注重项目结构的调整与升级以及培养效益的提升等。

五、竞技体育后备人才培养路径亟待完善

我国体育学者在竞技体育后备人才培养的研究领域热衷于探索培养目标、培养方式、培养要求等内容。不同学者的研究视角不同，自然会提出不同的培养路径。一方面，学者们从竞技体育后备人才培养中存在的现实问题出发，提出与之相对应的解决对策。另一方面，专家学者紧跟时代发展趋势，倾向于研究国家的相关政策，并整合运用到竞技体育后备人才培养中，但研究还不够深入和具体。因此，竞技体育后备人才培养路径亟待进一步整合、完善，以便真正有效地落实到人才培养实践中。

六、丰富与完善竞技体育后备人才培养理论体系的需要

我国在青少年竞技体育人才培养方面积累了比较丰富的经验，但也遇到各种挑战，在不同的管理体制下出现过人才培养数量与质量失衡、培养环境差、培养效益低等现象。因此，应紧跟时代趋势，顺应自然规律，根据国家的政策引导，为培养青少年运动员提供切实可行的路径，使人才培养的需求侧与供给侧相互协调，创新并丰富竞技体育人才培养理论，完善竞技体育人才培养的理论体系。①

---

① 段丽宁.供给侧结构性改革视域下我国竞技体育后备人才培养路径构建[D].天津体育学院，2020.

七、培养竞技体育后备人才是适应社会发展的需要

为了适应社会的发展，我国竞技体育不断改革和创新，培养目标也发生了变化，由原先培养单一化的体育教练、体育教师转变为培养高层次、应用型体育专业人才。因此，竞技体育后备人才的培养目标是不仅限于运动员，而且辐射到其他相关体育产业，培养竞技体育后备人才不仅需要具备良好的教学和培训环境，还要求具备物质、社会、人文等方面的环境。这便对竞技体育后备人才的培养提出了很高的要求。为了满足高需求，必须不断提高人才培养质量。①

第三节 文献研究综述

一、国外竞技体育后备人才培养与训练研究综述

随着世界竞技体育的不断发展，各国之间的竞争越来越激烈，竞技体育的商业化和市场化发展水平也越来越高，一些运动天赋好的青少年在训练和比赛中投入了很多的精力，而个人的教育却受到了忽视，导致他们在退役后面临就业和生活难题，也由此引发了很多社会问题，影响了社会稳定与和谐。因此，近年来竞技体育后备人才教育与培养问题也受到了西方各国体育界和社会学家的关注与重视，学者与专家对此展开了专题研究。下面我们主要参考我国学者间接引用的国外学者的研究成果来分析国外竞技体育后备人

① 李广.江苏省淮安市竞技体育后备人才培养研究[D].苏州大学，2017.

才培养的研究内容与动向。

（一）西方体育强国的竞技体育体制的研究

美国、俄罗斯、英国等西方国家的竞技体育发展水平很高，这些国家关于影响竞技体育发展成败的因素的研究从20世纪60年代就开始了。最初侧重对运动员个人技战术能力和教练员专业业务能力的研究，伴随着时间的推移，逐渐向研究竞技体育发展体制、保障系统等方面转变。竞技体育的发展受政治、经济、文化等各方面因素的共同推动，竞技体育运作系统呈现出组织越来越严密、投入越来越多、追求最大化产出的特点与趋势，这与追求经济利益的内在发展动机密不可分。21世纪初，德国以体育社会学教授迪格尔为主的课题组系统而全面地对比分析了美国、英国等一些世界体育强国的竞技体育体制，首次在体育体制的研究中运用组织理论，将体育强国的竞技体育体制及运行方式作了梳理，对相互之间的共同点和差异作了论述，并指出各国的政治、经济、文化等因素对本国竞技体育体制的形成和运作产生的重要影响。在现代社会背景下，西方关于竞技体育体制的研究越来越多，而且不仅从横向对比分析各国的异同，也从纵向对比一个国家竞技体育体制的演变历史。

（二）国外竞技体育后备人才培养模式的研究

1. 美国

美国是世界第一体育强国，他们历来都非常重视竞技体育后备人才的培养。20世纪70年代末，美国颁布《美国业余体育法》，参照这部法律，美国以教育为依托，以学校业余训练为主而培养体育后备人才，美国还成立专门的社会组织来培养后备人才。在美国竞技体育后备人才培养系统中，小学是基础阶段，中学是集中阶段，大学是专业阶段。美国的学校体育、竞技体育是协同发展的，在普及与提高青少年体育的基础上发展竞技体育。

2. 俄罗斯

俄罗斯依托体校来培养竞技体育后备人才，主要体校类型有奥林匹克后备力量学校、青少年竞技体育学校以及高水平运动技术学校等，在人才培养过程中，不仅政府提供资金支持，体育组织及社会各行业也提供重要保障，俄罗斯还很重视建立健全青少年体育竞赛体制，在竞技体育后备人才培养的监控与管理方面，俄罗斯各单项协会与奥委会发挥主要作用。

俄罗斯培养竞技体育后备人才呈现出以下特点。

第一，培养模式具有可持续性，体校学生人数呈现出持续增加趋势。

第二，后备人才的训练与管理体制符合国情，较为完善，这是俄罗斯运动员在国际重要体育比赛中取得好成绩的主要原因之一。

第三，体育俱乐部迅速发展，在培养竞技体育后备人才方面的作用越来越突出。

3.其他体育发达国家

由于不同国家的社会背景不同，政治、经济、文化等发展水平不同，因此在不同背景下建立了不同的人才培养模式，走不同的人才培养之路。下面列举几个体育发达国家对竞技体育后备人才的培养情况。

德国以体育俱乐部作为发展竞技体育的基本形式，体育事业主要由社会体育组织管理，政府提供资金帮助和政策引导，为优秀青少年运动员接受高等教育提供优惠政策和重要帮助。

英国、澳大利亚、日本在扎实的群众体育的基础上发展竞技体育，倡导全民健身，从而使青少年有更多的机会参与体育运动，培养青少年的体育锻炼习惯，从爱好体育的青少年群体中挖掘和培养专项人才。

韩国培养竞技体育后备人才采取的是集体育和教育部门、财团、企业于一体的联合模式。

总之，国外体育发达国家大都依靠社会发展模式来培养竞技体育后备人才，该培养模式的运行机制较为完善，而且运行过程中也有良好的社会基础作后盾。很多国家的竞技体育后备人才培养是由专门机构负责管理的，组织管理是工作重点，有专业的组织管理人员，非专业管理人才的教练员不负责管理事宜。再加上拥有健全的法制，在此基础上后备人才培养的物力、财力及人力资源的管理效益都很可观，这值得我国学习和借鉴。

（三）国外竞技体育后备人才训练思路和方法的研究

西方国家在“还原论”的思维方式上建立竞技体育后备人才训练体系，在训练过程中先强调体质健康的重要性，高度关注青少年体质健康，不断增强青少年体质，在拥有健康体魄的基础上进行运动训练，将一般训练和专项训练充分结合起来，并重点加强弱势运动素质和弱势运动技能的训练，提高青少年的身体素质、身体活动能力以及运动水平。

在竞技体育后备人才训练中，基于对运动员具有社会属性的高度认识而先从业余性训练、基础性训练着手，训练方法以整体训练为主，强调通过优化训练方法来提高训练效率，而非一味增加训练时间，并提醒过早进行专项化训练的弊端，走出“拔苗助长”的误区。总体来说，西方国家在竞技体育后备人才训练方面，思路正确，方法恰当，强调打好基础和不断创新，从而取得了良好的训练效益。

二、我国竞技体育后备人才培养与训练研究综述

（一）竞技体育后备人才培养体制的研究

我国竞技体育后备人才培养体制与竞技体育举国体制一脉相承，在新形势下亟须改革与完善。下面简单阐述我国学者在竞技体育后备人才培养体制方面具有代表性的一些研究成果。

刘庆山等人在对广东、辽宁、上海、江苏、北京、山东六省市竞技体育后备人才培养体制的对比中指出，六省市重点竞技体育项目的后备人才的培养体制主要依靠体育局办学，其次是体教联合办学，民间力量介入。[①]

① 刘庆山，周洪珍，吴燕波,陆明辉.广东等六省市竞技体育后备人才培养状况的比较研究[J].西安体育学院学报，2004（02）：13-16.

侯海波等在介绍美国、德国、俄罗斯、澳大利亚等国外竞技体育强国后备人才培养体制后建议我国走政府和社会相结合的道路；运用法制手段理顺各方关系；协调好运动员的训练与生活；加强建设教练员队伍；建立科学的竞赛机制；制定符合项目发展趋势的规划；关注科研与选拔、训练的有机结合等。①

云颖等人指出，海南省竞技体育后备人才培养体制存在资源配置效率低；重训练、轻教育；体校自主权缺失，社会资源未进入培养领域等问题与缺陷，从而对海南省竞技体育后备人才的培养质量造成了严重制约。②

吴新炎等人分析了德国竞技体育后备人才的培养体制，发现政府在竞技体育后备人才培养中发挥主导作用，采取了一系列重大举措，如建立体育运动重点学校和竞技体育合作学校，给予资金支持，重视科研，举行选拔赛，奖励突出贡献者，提高教练员队员的综合素质，为运动员提供事业发展咨询服务等。③

张贵敏等人认为，我国应建立以政府为主导的市场化后备人才培养体制，可采取的策略有实现竞技后备人才培养投资主体的多元化；有计划地分步推进体制转型；建立"体教结合型"竞技体育后备人才培养模式；制定竞技后备人才的市场交流制度；建设与培养优秀的教练员，提高教练员队伍的整体素质。④

总的来看，我国学者在我国竞技体育后备人才培养体制的研究中，深入分析了现有体制的问题，提出了针对性、合理化的应对策略。改革与完善竞技体育后备人才培养体制是一项复杂的系统工程，需要体育行政部门、教育部门、学术界以及社会各界的共同参与，在多方努力和协同配合下逐渐形成和完善以政府为主导、以社会为主体、以市场为手段，具有生机与活力的竞

① 侯海波等.国外竞技体育强国后备人才培养体制及启示[J].上海体育学院学报，2005（04）：1-5+15.

② 云颖，赵少雄.关于构建海南省竞技体育后备人才培养体制的研究[J].山西师大体育学院学报，2006（S1）：100-102.

③ 吴新炎，李芙蓉.论德国竞技体育后备人才培养中政府的作用[J].学理论，2011（15）：228-229.

④ 张贵敏，曹继红.论我国竞技体育后备人才培养体制的转型[J].沈阳体育学院学报，2005（05）：7-9+12.

技体育后备人才培养体制。

（二）竞技体育后备人才培养机制的研究

我国竞技体育后备人才培养机制是指在培养人才时探索其内部组织与运行变化的规律，遵循相应的规律和采用相关的手段，以实现可持续发展的目标。下面简单阐述我国学者在竞技体育后备人才培养机制方面具有代表性的一些研究成果。

安雅然等分析市场经济条件下竞技体育后备人才培养机制发生的变化及发展趋势后指出，在新经济时期竞技体育后备人才培养机制的运行要树立人才观念、科技观念、集聚观念、新经济观念，以实现可持续发展。①

唐建倦指出，随着竞技体育后备人才培养主体的多元化发展，应该建立目标全面、制度健全的保障机制来确保后备人才培养工作的有序开展。②

葛幸幸等人指出，在转型期培养竞技体育后备人才应以市场经济调节为主导，促使国家、集体、个人三方在后备人才培养中利益明晰化，形成国家、集体、个人利益相互协调的新的整合机制。③

马志和等人认为新时期须采取“政府主导下的市场化”培养模式，提出要分阶段、分层次、有重点地推进制度创新；加强“体、教结合”，建立新型后备人才培养体系；完善市场规则，逐步实行竞技体育后备人才的市场交流制度；鼓励社会力量参与后备人才培养；加强教练员制度建设，提高教练员群体素质。④

---

① 安雅然，韩冰.竞技体育后备人才培养机制理论研究[J].沈阳师范大学学报（自然科学版），2003（03）：219-222.

② 唐建倦.中国竞技体育后备人才培养保障机制发展研究[J].南京体育学院学报（社会科学版），2009，23（04）：123-125.

③ 葛幸幸，唐建倦.竞技体育后备人才培养中不同层次利益整合的机制[J].体育学刊，2009，16（08）：24-27.

④ 马志和，徐宏伟，刘卓，李金龙.论我国竞技体育后备人才培养体制的创新[J].体育科学，2004（06）：56-59.

（三）竞技体育后备人才培养模式的研究

我国在竞技体育后备人才培养模式方面的研究成果列举如下。

冯骏杰等人总结了欧美国家竞技体育后备人才培养的几种模式，指出广州市体育局提出了“选材、学训、输送、竞赛、跟踪、安置”六个重要环节的竞技体育后备人才培养理论体系。①

周建梅等人将竞技体育后备人才培养温州模式概括为：投资主体多元化，形式多样化；按需办学，大家办学，培养主体多元化，培养形式多样化；注重文化教育，发挥体育特色，主动进行体教结合；实用为主，讲求效益，充分利用并发挥人力资源优势，由点到面辖射发展；业余训练中的部分项目率先走向市场，利用市场机制进行调节，从而较好地解决了运动员的出路；主动进行体教结合，从而较正确地处理了学训矛盾；较合理地评价了教练员工作，通过奖励等手段激发教练员的工作热情。②

张文普指出，完善河南竞技体育后备人才培养体系，需要改革并巩固体育局系统一条龙作为后备人才培养主渠道的地位，加大基地建设力度；积极探索多渠道后备人才培养模式；构建必要配套措施；搞活“体教结合”的两个层次。③

陈林会等人建议在区域经济一体化条件下完善川渝地区竞技体育后备人才培养模式，提出一些重要建议，如树立一体化培养观念；规范政府职能；建立区域协调机构，完善考核机制；培育市场主体，调控区域竞技体育后备人才市场；信息共享，优化体育科研合作。④

除此之外，还有体教结合一条龙培养的“南通模式”；家庭培养成功的

---

① 冯骏杰，刘江南，黄德敏，许静.竞技体育后备人才培养创新理论研究[J].广州体育学院学报，2013，33（04）：1-7.

② 周建梅，钟秉枢，张志华.竞技体育后备人才培养温州模式及投资状况研究[J].北京体育大学学报，2006（05）：594-596.

③ 张文普.河南省竞技体育后备人才培养体系研究[J].广州体育学院学报，2004（06）：28-31.

④ 陈林会，刘青.区域经济一体化条件下川渝地区竞技体育后备人才培养模式构想[J].成都体育学院学报，2007（04）：14-18.

“丁俊晖”模式；职业体育青训模式等。

综上所述，改革开放后，我国经济迅速发展，所谓经济基础决定上层建筑，我国竞技体育事业伴随着经济的腾飞也迅速崛起，竞技体育后备人才培养的模式形成多元格局，每一种模式都具有历史性，都代表着那一时期的适用性，但随着国家综合国力的提升，社会环境的变化，教育理念的更新，各种后备人才培养模式又暴露出新的不足，需要不断的改进，进而国家提出“体教融合”的理念，指引我国后备人才培养的发展方向，与时俱进地适应我国竞技体育后备人才培养需求。推动竞技体育后备人才培养朝向“全人化”方向发展。

（四）竞技体育后备人才训练态度及家长价值取向的研究

解决业余训练与文化学习之间的矛盾，是竞技体育后备人才培养中不可忽视的问题。随着市场经济的发展和青少年年龄的增长，青少年自身的价值定位日趋明显，家长及青少年群体极为重视全面发展和社会适应能力。

苏联勇、张洁等人研究认为，不同特定家长群体对业余训练的态度存有差异，很多家长不希望子女过多地从事业余训练，希望孩子以文化学习为主，而支持孩子参加业余训练的家长其自身的体育文化素质较高；家长送子女参加业余训练的主要动机和运动训练的最终目的——为国争光是有一定距离的。大多数家长从子女的健康和未来发展出发做出是否允许子女参加业余训练的决定。①

张林、王健等人研究认为，要让家长赞同子女参加训练，关键是解决后顾之忧，为青少年提供良好的升学、就业机会。

① 杨再淮.竞技体育后备人才培养[M].北京：人民体育出版社，2006.

三、国内外竞技体育后备人才培养与训练研究述评

（一）国内竞技体育后备人才培养与训练研究述评

1. 研究特点与成果

（1）研究特点

我国对竞技体育后备人才培养与训练的研究呈现出以下几个鲜明的特征。

第一，具有很强烈的问题意识，立足现实问题而展开分析与研究，并将国外先进的理论、经验借鉴而来以探寻我国竞技体育后备人才培养的新方法，并将我国个别地区的成功培养经验向其他地方推广，推动各地竞技体育的共同发展。

第二，在关于我国竞技体育后备人才培养体制、机制及模式的演进与发展变化的演进中，采用定量与定性相结合的方法，以提高研究成果的客观性、真实性，强化研究成果的参考价值与意义。

第三，研究结果具有可比性，可为进一步的对比分析提供参考，而且在相似的研究中可相互借鉴研究的理念、方法乃至结果，提高学界对研究成果的广泛认可性。

（2）研究成果

目前我国关于竞技体育后备人才培养与训练的研究取得了以下突出的成果。

第一，将竞技体育后备人才培养等关键词输入中国知网、万方数据库等学术网站中，可发现大量的研究成果，而且成果数量呈逐年递增趋势，专家与学者的研究水平显著提升。

第二，我国在竞技体育后备人才培养的研究中，研究内容越来越全面、充实，涉及培养模式、培养机制与体制、培养现状与途径、体教融合培养、中外对比与借鉴等诸多方面，可见，竞技体育及人才培养的课题在我国学界很受重视，学者的研究思维也在不断拓展。?

第三，丰富的研究成果有利于我们对国内外竞技体育及人才培养的相关问题有更加全面而深刻的认识与理解，一些国家级课题的研究成果还为政府

出台关于竞技体育、体育强国战略的相关政策而提供了理论借鉴。总之，理论研究为实践发展提供了重要的理论依据和指导。

2. 研究存在的问题

（1）缺少微观研究

我国对竞技体育后备人才培养的研究以宏观研究居多，从宏观视角出发研究我国或经济发达省市的竞技体育及人才培养，而很少有关于某校、某县或经济落后地区竞技体育发展及人才培养的研究。这与学者习惯从整体视角出发研究问题有关，但忽视基层研究是不可取的，因为竞技体育的后备力量来自于基层，这是金字塔的塔基。

（2）缺乏深度和纵向历史性研究

从我国竞技体育后备人才培养的研究现状来看，大部分研究都是从横向对比展开，而缺乏历史视角的纵向维度研究，从而导致研究不深入，这有待于今后加强这方面的研究，从而获得更多的研究成果。

（二）国外竞技体育后备人才培养与训练研究述评

国外竞技体育后备人才的培养与训练研究主要集中于竞技体育体制、人才培养的模式、人才培养的方法与策略等方面。总体来看，国外竞技体育强国都比较重视体育后备人才的培养。发展到现在，他们已经形成了一个比较完善的竞技体育后备人才培养体系，在完备的人才培养体系下，运动员的竞技能力能获得快速的发展。

一般来说，西方体育强国都比较重视群众体育的发展，注重基础体育教育，主张在普及与提高青少年体育的基础上发展竞技体育，在这样的情况下，竞技体育的选材面非常广泛，便于择优选择。在国外，竞技体育的发展不仅仅有政府的支持，还有大量的社会体育组织为其提供重要的保障，社会各组织的参与性较高，在这样的背景下，体育后备人才拥有一个良好的发展环境，各方面都能获得不错的发展。除此之外，西方竞技体育强国还非常重视人才训练理念、训练模式以及训练创新等方面的研究，这也是其竞技体育能够获得健康、快速发展的重要原因。对于我国竞技体育的发展都具有重要的借鉴意义。

第四节　研究目的与意义

一、研究目的

本书采用文献资料、案例分析等方法对竞技体育后备人才培养环境的创设及后备人才的训练展开研究，提出推进后备人才培养环境创设的建议与对策，分析后备人才系统训练的科学方法，并以南通市为例展开实证分析，旨在为我国培养竞技体育后备人才提供优良与和谐的环境，提高后备人才培养效率和质量，提高后备人才训练水平和竞技实力，推动我国竞技体育的可持续发展。

二、研究意义

（一）丰富竞技体育后备人才培养的研究内容

从我国对竞技体育后备人才培养的研究现状来看，研究方向主要集中在培养模式、培养体制、培养现状与对策等几个方面，而关于培养环境的研究方向和研究成果非常少，本书从环境视角对竞技体育后备人才培养环境的创设展开研究，有助于丰富竞技体育后备人才培养的研究内容，并为相关研究提供理论参考和方向指引。

（二）提高我国竞技体育后备人才培养效率与质量

我国竞技体育后备人才培养的“金字塔”模式取得了较大的成功。但随着竞技体育的不断发展和社会主义市场经济体制的不断完善，传统培养模式中资金来源单一、成才率低、退役运动员很难安置等弊端不断凸显。要解决这些问题，就要进一步改革与完善我国竞技体育后备人才培养模式，优化人才培养环境。本书在这方面的相关研究对提高我国竞技体育后备人才培养的效率与质量具有重要意义。

（三）推广南通竞技体育后备人才培养的成功经验

我国正处于迈入体育强国的关键时期，地方竞技体育的发展是提升我国竞技体育整体发展水平的基础。目前我国关于地方竞技体育及人才培养的研究较少，通过对南通竞技体育后备人才培养环境创设进行研究，总结成功经验，提炼基本规律，并积极推广成功经验，为其他地方竞技体育后备人才培养的改革及竞技体育事业的发展提供参考和启示。

第五节 研究框架

一、研究对象

本书的研究对象主要是具有一定运动潜能，以创造优异的运动成绩为目标，有计划地进行长期的、系统的教育和训练的青少年运动人才。在此前提下，本书围绕创设竞技体育后备人才培养环境、竞技体育后备人才训练方法这两方面展开研究。

二、研究方法

（一）文献资料法

在知网、万方数据库等相关资源网站上查阅了竞技体育、竞技体育后备人才、运动员培养、运动员训练、运动员培养环境、运动员文化教育等相关文献资料，并整理、分析这些资料，了解我国竞技体育后备人才培养理念、方法、模式、体制、环境及专业训练等方面的研究成果及前沿趋势，为本书的研究提供了丰富的资料。

（二）数理统计法

运用统计分析学方法、相关统计软件处理与分析收集到的各种数据资料，以得到相关信息，为研究提供现实依据。

（三）逻辑分析法

分析与综合已查阅的文献资料，对相关内容进行归纳与演绎，综合近些年我国竞技体育后备人才培养的发展趋势，运用逻辑分析法对本课题进行相关研究，得出结论并提出建议。

（四）案例分析法

南通市因为出过许多世界冠军，因此被誉为“世界冠军的摇篮”。本书以南通市为例分析本市竞技体育后备人才培养环境的创设与优化，总结南通市竞技体育后备人才培养的成功经验，论证创建与优化培养环境对提高培养效果的重要性，并为其他地区培养优秀的竞技体育后备人才而提供参考和借鉴。

三、研究思路

现阶段，国家体育发展战略转型、社会发展以及体育强国战略的提出迫切需要我们加强对优秀竞技体育后备人才的培养。但从当前我国竞技体育后备人才培养的现状来看，尚且存在很多问题与不足，如我国后备人才培养缺乏物质保障，缺乏良好的社会大环境，运动员文化素质较低，我国尚未创建完整与和谐的人才培养环境体系，从而直接影响了人才培养效率与质量。对此，立足国情，从实际出发，从国家竞技体育发展战略出发，创建与优化我国竞技体育后备人才培养环境势在必行。完整的人才培养环境应该是由物质环境、社会环境、人文环境构成的和谐互动的良性环境。基于此，本书先后对竞技体育后备人才培养的物质环境创设、社会环境创设以及文化环境创设进行了全面而深入的研究，并以南通市竞技体育后备人才培养环境的创设与优化为例而展开实证分析，以证实“创设与优化人才培养环境有助于提高人才培养效率与质量”的结论，并为其他地区提供经验参考。

培养竞技体育后备人才是为了提升竞技体育后备人才的竞技实力（参赛能力），为国家培养与输送优秀的运动员，以提升我国竞技体育的水平。而竞技体育后备人才竞技能力的形成与提高是在长期科学而系统的训练中实现的，所以竞技体育后备人才训练始终是竞技体育后备人才培养系统中重要的一环，训练水平直接决定了人才培养质量，因此要特别强调训练的科学性、系统性、全面性及创新性。从系统论的角度来看，运动员竞技能力由体能、心理、智能、技术、战术五大要素组成，其中技、战术能力是核心，而体能是运动员稳定发挥的前提条件，心理和智能分别是运动员在赛场上稳定发挥技战术和审时度势的重要保证。可见，这五个要素缺一不可，要全面训练与提高，以提升竞技体育后备人才的综合竞技能力。基于此，本书对竞技体育后备人才基础竞技能力（体能、心理、智能）和核心竞技能力（技、战术能力）的训练逐一展开了研究。

不管是创建竞技体育后备人才培养环境，还是对竞技体育后备人才进行训练，都要立足实际，放眼未来，以创新推动发展，实现可持续发展目标。因此本书在最后部分探讨了竞技体育后备人才培养与训练的发展及创新，以提高我国竞技体育后备人才的培养质量和训练水平，推动我国竞技体育的健康、稳定、持续发展。

四、研究内容

本书围绕竞技体育后备人才环境创设和竞技体育后备人才训练这两个主题展开研究，基本的研究内容如图1–1所示。

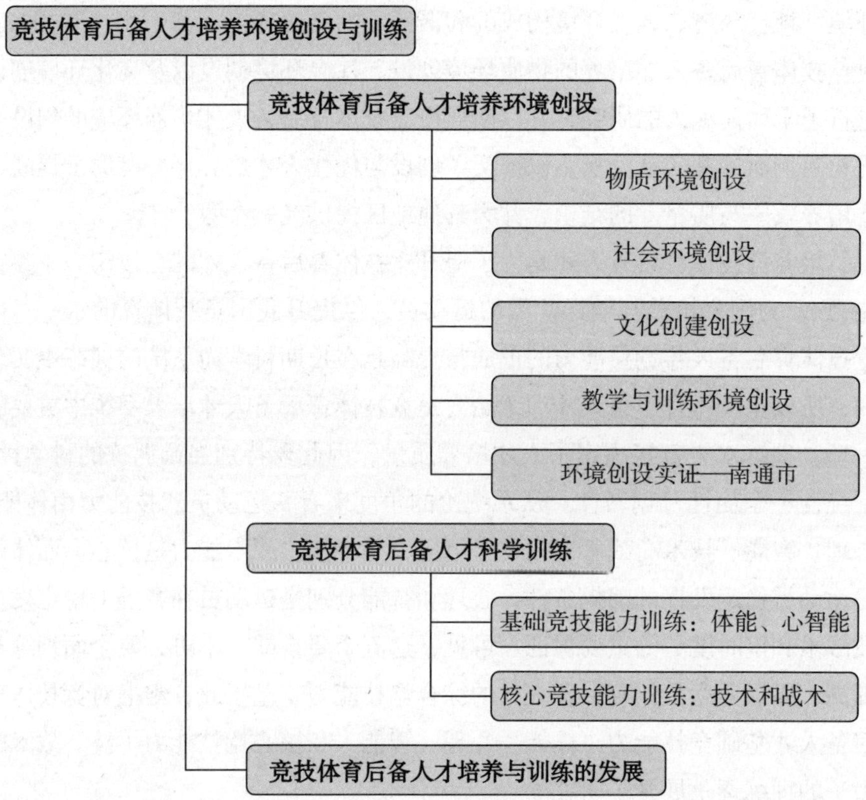

图1–1 研究内容

第二章　竞技体育后备人才培养的物质环境创设

响应国家“体育强国”的号召，其中最重要的一个环节就是培养竞技体育后备人才，而在体育人才培养的过程中，物质环境基础又是一个不可忽视的部分。一个坚实、健康的物质环境，对于体育人才的培养具有至关重要的作用。本章将从社会经济、体育训练硬件设施条件、竞技体育物质资源、科技和体育的融合这四个角度，具体阐述竞技体育后备人才培养的物质环境创设。

第一节　大力发展社会经济

一、促进产业结构调整和升级

（一）产业结构调整和升级对于体育人才培养的意义

1. 获得更多政策支持

体育产业在产业结构中属于第三产业的范畴，也就是国家在产业结构调整和升级中会大力支持发展的产业之一。为了促进体育产业的发展，国家势必会出台大量的相关政策，比如税收减免政策、投资融资优惠政策、用地优惠政策等，为体育产业的发展创造有利的社会经济环境。而竞技体育人才的培养是体育产业的一部分，体育人才的培养依赖于体育产业的发展，体育产业得到快速发展的同时，我国的竞技体育人才培养也会拥有更多具有优势的条件。

2. 获得更多社会投资

国家促进经济结构的调整和升级，也就意味着像体育产业这样的第三产业将会在未来迎来发展的红利期。而社会资本具有逐利的特点，体育产业的良好发展前景势必会吸引众多的社会资本进入体育行业。竞技体育人才的培养是需要大量的资金支持的，花在一位成功的运动员身上的资金可达上百万元之多。社会资本进入体育产业能够为体育产业的发展和竞技体育人才的培养提供充足的资金支持，为体育人才的培养创造良好的经济环境。

（二）产业结构调整和升级的方向

（1）坚持市场调节和政府引导相结合，充分发挥市场资源配置的决定性作用，加强国家产业政策合理引导，优化资源在产业之间的配置。

（2）充分重视自主创新在产业结构调整和升级过程中的作用，将增强自主创新能力这一目标贯穿产业结构调整和升级的始终，形成以企业为主体、以市场为导向、产学研相结合的技术创新体系，全面提高技术在产业发展中的地位和作用。

（3）坚持走新型工业化发展道路，以信息化带动工业化，以工业化促进信息化，走科技含量高、经济效益好、资源能耗低、环境污染少、安全有保障、人力资源优势得到充分发挥的发展道路，努力促进经济增长方式的根本转变。

（4）促进产业协调健康发展，发展先进制造业，提高服务业比重和水平，加强基础设施建设，优化城乡区域产业结构和布局，优化对外贸易和利用外资结构，维护群众合法权益，努力扩大就业，推进经济社会协调发展。

总的来说，未来我国的产业结构将会朝着，第一产业的比重不断下降，第二产业的比重继续增长，但是增长的幅度会逐渐回落，第三产业的比重会以一种较快的速度持续增长的趋势发展。同时，我国产业发展的质量也会随着科技水平发展和运用的深入不断提升。

对于竞技体育人才的培养来说，产业结构的调整和升级是一个良好的机遇，作为第三产业的体育产业将会迎来越来越好的发展环境和越来越多的发展机会。

二、促进城市化发展进程

（一）促进城市化发展进程对于体育人才培养的意义

1. 有利于形成体育市场

根据市场发展的规律，促进城市化进程，加大人群的聚集密度，对于体育市场的培育和形成具有重要的意义。一方面，城市化能够促进社区体育产业的发展，促进社区体育产业的集团化、连锁化，提高产业集群效应和产业效率；另一方面，社区体育产业的繁荣也能从供给的角度吸引更多的体育产品消费者，拓展体育消费的领域，扩大体育市场的规模。

2. 有利于转变人们的消费观念

城市化发展能够带动更多的农业人口涌入城市，为第二三产业的发展提供了更多的劳动力资源，对于促进城市经济的发展、促进产业结构的升级、促进人均收入水平的提高，都具有重要的意义。经济发展、人均可支配收入的提高是推动人们消费观念转变的主要原因，因此城市化进程的加快能够改变人们的体育消费观念。人们消费观念的转变一方面能够促进体育行业的繁荣，为竞技体育人才的培养提供充足的资金；另一方面有助于培养人们对竞技运动的兴趣，为人们进入体育行业提供了可能。

（二）促进城市化发展的方向

1. 城市发展规模和城市发展质量并举

随着资源、环境等方面压力的加剧，我国的城市化发展应该摆脱传统的以规模为主要导向的发展方式，在关注城市发展规模的基础上，突出对城市发展质量的追求。具体做法为，同国家经济接轨、同社会转型相适应，注重经济增长方式的转变，进行经济结构，特别是产业结构的战略性调整，促进城市从原来的以重工业为主导产业转向以高新产业、现代服务业和文化创意产业为主导产业的新的经济结构和产业体系转变。

2. 促进城市集群化发展

促进城市集群化发展是城市工业外移、城市空间布局调整、城市生态改善、城市住宅建设等方面的必然结果和必然要求。同时，城市群、城市带、城市圈的建立，能够充分发挥大城市的带动作用，促进中心城市对周围中小型城市的帮扶，以及城市之间的合作，最终实现带动整个区域经济共同发展的目的。在促进城市集群化发展的过程中，首先要完善城市之间的基础设施的建设，比如城市之间的道路交通建设等；其次要加强城市之间的产业合作，比如将生产过程中的资金、技术、厂房、原材料等都控制城市群的范围之内；最后，要增强城市之间的共生意识，打造城市群品牌，提升城市集群效应。

3. 注重发展“以人为本”的城市综合功能

在过去的城市发展过程中，有些城市错误地认为城市的发展就是经济的发展，一味追求GDP的增长，而忽视对城市的其他功能的建设，使许多城市呈现出功能结构单一，人文关怀不足的畸形发展状态。未来的城市建设应该在科学发展理念的指导之下，坚持“以人为本”的基本原则，以提高居民生活质量为最高目标，调整城市发展方针，加强城市社会文化功能，注重全面提高居民素质，建立科学、文明、和谐的城市。在坚持经济发展的基础上，促进城市的精神文明建设和和谐社会建设，发展“以人为本”的综合城市功能。

三、促进收入差距缩小

（一）收入差距缩小对于体育人才培养的意义

1. 有利于扩大体育市场的规模

目前我国的经济发展处于一种东部、南部比较发达，而中西部发展比较落后的不平衡状态。体育产业作为一项新兴产业，和经济的发展状况息息相关，所以我国的体育产业和体育市场也呈现出在东部和中西部之间的发展不平衡的问题。地区之间发展不平衡会导致地区之间的人均收入差距过大，而缩小收入差距也就意味着地区之间的经济发展逐渐走向平衡。对于体育行业来说，全国经济的平衡发展能够为其提供更加广阔的发展市场，促进体育行业的繁荣，为竞技体育人才的培养提供良好的经济环境。

2. 为体育人才的培养创造稳定的社会环境

国家和社会的稳定是经济、文化发展的前提，竞技体育人才的培养需要一个稳定的社会环境。而过大的收入差距会让不同地区、不同行业之间的国民产生心理上的不平衡感，容易造成各种不稳定因素的出现。如果放任收入差距的继续扩大，还可能会激化矛盾、造成社会动乱，不利于体育行业的发展和竞技体育人才的培养。缩小收入差距能够促进经济健康发展，维持社会稳定，能够为竞技体育人才的培养创造一个稳定的社会环境。

（二）缩小收入差距的方向

1. 调整财政支出结构

降低财政支出中行政管理支出的比例，逐渐扩大居民收入支出、社会保障支出的比例。尤其是要发挥地方财政在社会保障中的作用，将地方财政支出中社会保障支出的比例逐步提升，使财政支出成为解决社会保障金的主要渠道。

2. 完善税收制度

促进税收制度改革和完善，充分发挥税收在居民收入分配中的调节作用。通过完善税收政策，建立一个综合协调配合，覆盖居民收入运行全过程的税收调控体系，强化税收对个人收入分配的调控功能。在税种设置上，要重点突出个人所得税、财产税和社会保障税在促进收入平衡上的作用。

3. 深化工资分配制度改革

从体制上缩小行业、部门间不合理的收入差距应坚持以按劳分配为主体、多种分配方式并存的制度，把按劳分配同按生产要素分配结合起来，建立健全收入分配的激励机制和约束机制，规范社会分配秩序，强化收入分配税收调节功能。

4. 完善社会保障制度

社会保障能够通过对社会低收入人群进行补贴的方式，有效缩减收入差距。在完善社会保障制度的过程中，首先，应该加强对社会贫困人群的关注，将贫困人群作为扶持的重点对象，并将提高贫困人群的素质和文化教育水平作为扶持的重点；其次，广泛接受社会各类资金作为扶贫基金，允许企业和个人捐赠的扶贫资金在所得税之前扣除；再次，加强对城镇居民最低生活的保障力度，从基本生活、住房、医疗、养老等方面给予保障，完善和落实职工最低工资标准；最后，落实城镇低保动态管理，根据家庭收入及时调整低保金和入保出保的家庭，使低收入群体真正享受到经济发展带来的实惠。

第二节　完善体育训练硬件设施条件

一、大力促进公益性体育硬件设施建设

（一）加大资金投入

政府是公益性体育硬件设施建设的主要承担者，具有为体育硬件设施建设“买单”的义务。为了促进我国体育事业的发展，为我国竞技体育培养后备人才，政府需要加大对公益性体育硬件设施的资金投入，改善目前我国体育硬件设施数量不足的问题。首先，政府可以将对体育设施建设的资金投入纳入到各级财政预算之中，并根据具体情况调整体育设施投入资金在财政支出中的比例；其次，在政府作为主要投资者的基础上，政府可以利用各种优

惠政策，从社会层面吸纳体育设施建设的资金，形成以政府投入为主，多种投资渠道并存的多元投资。

（二）充分发挥公共体育设施的功能

各类体育硬件设施要充分发挥其优势，在坚持体育功能的基础上，开发多元化的功能，形成“多业并举”的综合性功能。盘活存量资产，完善配套服务，开展多种经营，增强自身造血功能，成为体育产业的主场地。

二、引入市场调节机制，促进场地设施“社会化”

随着社会经济发展的深入，人们对生活质量的要求也在不断提高，健康已经成为人们的普遍追求，人们的健身消费也在不断提升。随着这种消费趋势的出现，越来越多的社会资本逐渐进入体育健身行业，市场上出现了健身房、健身俱乐部等商业化健身场所。这些健身场所以及他们内部的健身设施的出现，在很大程度上弥补了我国公共健身设施的不足，为人们提供了更加充足的健身场地和设施，也给了人们更加专业和多元化的选择。伴随着国民经济的进一步发展及人们生活水平的改善和提高，人们对商业性健身场地和健身设施的接受程度正在不断提高，在未来的社会发展中，这些商业性的健身场地和设施可能会成为人们运动健身的主流选择。

在完善体育训练硬件设施的过程中，可以将商业化的体育场地和体育设施建设纳入到规划中，利用市场对资源配置的调节作用，继续吸引商业资本进入体育健身领域，逐渐形成以商业化、专业化的体育硬件设施为主，以公益性的体育硬件设施为辅的硬件设施体系。

三、促进农村体育设施建设，开发户外运动场地

（一）促进农村体育设施建设

新时期，农村居民对运动健身的需求也在不断上升，为了满足这种需求，必须要促进农村体育设施的建设，将农村作为体育设施建设的主要阵地之一。应该坚持以地方拨款为主，广泛吸收社会投资，中央适量给予帮扶，有序建设具有当地特色的、符合农村居民运动健身需求的体育硬件设施，改善农村居民运动健身的条件，促进体育运动在农村的开展。

（二）开发户外运动场地

开发户外运动场地是体育训练硬件设施建设的一个重要思路，一方面能够充分实现各种户外场地的功能，另一方面能够建设数量更多、种类更加齐全的体育硬件设施和体育运动场地，为居民提供更多选择，吸引居民参与到体育运动中去。在开发过程中，可以将广场、公园、各种自然区域纳入到考虑范围之内，在不扰民的原则之下，根据居民的需求建设体育硬件设施，打造运动场所，为居民创造良好的健身环境。

四、推动学校体育设施向社会开放

学校是一个地区内体育设施建设的重点单位，具有充足的体育设施资源，向社会居民开放学校体育设施能够有效防止学校体育设施的闲置和利用率不足问题，也能缓解社会体育设施建设不足的压力。自从国家体育总局在2006年促进第一批试点学校向社会开放体育设施之后，这种举措就开始在全国各地推广开来，并且取得了良好的效果。

在促进学校向社会开放体育场所和体育设施的过程中，要加强教育部门

和其他政府部门之间的联络，做到互通有无，共同管理，做好开放之后的管理和运行工作。开放必然会带来管理难度的提升，如何处理好学校和居民之间的关系将成为一个重要的问题，既要为社会居民提供便利，又要保障学校的秩序和学生的权利，这将成为贯穿整个开放过程始终的疑难问题和基本要求。此外，还要在开放的过程中明确各个责任主体，解决比如“谁来承担体育场地和体育设施的维修费用”之类的问题。

总的来说，推进学校体育设施向社会居民开放是一个大胆而有创意的举措，虽然为学校管理带来了一定的难度，但是对于响应我国“体育强国”口号的号召，促进我国体育事业发展具有重要意义，为我国培养竞技体育人才提供了良好的社会物质环境。

第三节　优化配置竞技体育物质资源

一、体育资源配置的研究

（一）体育资源配置的类型

目前，体育资源主要有三种配置方式，分别是市场配置方式、计划配置方式和混合型配置方式。

1. 市场配置方式

市场配置是指，市场主体根据市场价格的波动和市场供求关系的变化，将资源配置到供给不足、需求旺盛的商品部门之中，从而对经济起到调节的作用。市场具有逐利的本质，在一个充分竞争的市场环境之中，人们会为了追去更多的利润将体育资源配置到获利更多的部门和地区，从而引起市场上体育资源供求关系的变化，再进一步影响到体育资源的价格，从而促进体育资源在市场上的流动，完成对体育资源的市场配置。其中，在市场资源配置的过程中，能够最直接反映供求关系的指标就是价格指标，商家能够从价格的变化中知晓资源的稀缺程度以及需求程度，从而决定生产，促成体育资源向稀缺的部门和地区流动，从而缓解市场的供求矛盾。

最具代表性的利用市场进行体育资源配置的国家就是美国，美国的体育资源配置基本上依靠市场，国家政府部门的行政干预较少。

2. 计划配置方式

计划配置的主体是政府，是指政府按照预定的计划，通过行政手段等将社会资源分配到各个部门。在计划配置中，政府会采用各种手段直接或者间接地对体育资源进行调配，改善体育资源的分配格局，从而利用有限的体育资源实现政府制定的体育目标。在对体育资源的管理上，政府会设置专门的管理部门，根据预期目标对体育资源进行集中的管理和统一的调配。

具有代表性的利用政府计划的方式对体育资源进行配置的国家有苏联、朝鲜等，我国在计划经济时期在体育资源的配置上实行的也是计划配置的方式。

3. 混合型配置方式

在长期的发展过程中，人们逐渐发现无论是单纯使用市场配置方式还是计划配置方式都具有一定的局限性，比如市场配置方式具有“市场失灵”的风险，而计划配置方式具有“僵化”的风险。为了规避单一的资源配置方式带来的风险，越来越多的国家开始采用市场配置和计划配置相结合的配置方式进行资源配置。混合型配置方式在不同的国家呈现出不同的特点，每个国家都根据自己国家的国情进行了相应的调整，有的国家是以政府计划配置为主导，而有的国家则更突出市场配置的功能。

世界上常见的采用混合性配置方式进行体育资源配置的国家有英国、德国、加拿大等，我国目前在体育资源配置上采用的也是混合型的资源配置方式。

（二）市场配置和政府配置的边界

市场经济是一种以市场调节为基础和主导的经济运行状态，本质是通过供求关系、价格机制、竞争机制来进行全社会体育资源配置和布局，是一种具有一定组织能力的经济调节方式。[①]市场机制通过调节微观的体育市场主体的个别经济利益，实现对整个社会的体育资源的配置，这是因为人们逐利行为的过程本身就是促进资源流动的过程。

值得注意的是，市场在进行资源配置的过程中是会消耗掉一定的资源，但是这种消耗是必然的结果，无法彻底规避。所以，只要市场消耗的资源比同样情况下政府计划配置消耗的资源更少，政府就无须进行干预。

但是在某些国家或者某些时期之内，可能会存在市场配置的效能条件缺失的情况，这种情况下容易出现市场配置失灵、市场配置成本过高等问题，就需要政府出面采用计划的方式进行资源配置。

二、优化配置竞技体育物质资源的方式

（一）完善体育资源配置的信息机制

资源拥有者对资源的掌握情况能够决定资源配置效率的高低，只有当其能够及时而准确地掌握信息，才能够促进资源配置的合理化和高效化。想要实现对体育资源合理高效的配置，就要对体育市场的状况进行充分的了解，掌握市场上的体育需求状况、体育供给状况，以及这些状况的变化等，然后再合理规划资源配置。

在实践中，了解市场信息并做出合理的资源调节是一件非常具有难度性的事情。比如在计划经济体制中，由于价格是由国家统一规定的，体育资源的供需状况就无法通过价格指标明确地反映出来；即使在市场配置的情况下，信息也是零散、不完备和不确定的，这些状况都给人们了解信息造成了一定的困难。因此，必须要建立政府计划配置和市场配置体育资源的信息机

---

① 黄飞.中国体育消费与发展研究[M].长春：吉林人民出版社，2019.

制，为了解信息创造途径和机会，保证信息的准确性和及时性，提高资源配置的效率。

在建立政府计划配置和市场配置体育资源的信息机制的过程中，必须要做到的就是市场价格的公开透明。价格是显示市场供求关系最重要的指标，能够刺激市场主体根据其反映出来的信息进行生产，保证资源的有效流通。在市场无法做到价格信息透明的时候，政府可以介入，采用各种手段直接或者间接地促进体育资源市场价格的透明化。

（二）完善体育资源配置的决策机制

计划配置方式下，体育资源配置的决策权是完全集中在政府手中的，政府会设置专门的机关部门对体育资源的分配进行管理，其分配依据一般是国家制定的体育发展目标和体育发展计划。这种资源分配方式下发展出来的体育，往往具有很强的公益性质，强调体育的社会功能，在政治上也有较大的安全系数。但是这种分配方式的弊端在于，政府进行体育资源分配一般会更多地从政治角度进行考虑，容易忽视人们的真实需求，发展出具有明显政治性质的体育，弱化体育的社会功能。

在计划体制时期，体育完全是一项由国家管控的福利项目，体育资源不允许自由进入市场，国家统一制定的体育产品价格无法反映真实的体育资源的供求关系。一方面，这种做法否定了市场在体育资源配置中的作用，不允许各类企业存在，容易导致本国的体育事业丧失发展活力，无法满足本国人民的体育运动需求；另一方面，政府耗费过多的精力在微观的经济活动上，容易对其宏观调控的效率造成不利的影响。

而在市场条件下，体育资源分配的过程基本上是：消费者出现某种体育资源需求—企业通过价格等指标接收到市场信息—企业根据信息做出生产决定。也就是说，最终的决策是由消费者和企业共同影响的，这就避免了在计划条件下资源配置决策权过于集中的问题。而市场决策的弊端在于，一方面，市场的调节机制存在盲目性和滞后性，这有可能导致各类体育企业为了追逐利益而将体育资源大量投放到某一个部门之中，造成资源的浪费；另一方面，由于市场的逐利性质，可能会导致体育社会功能会忽视，不利于国家体育事业的发展。

因此我们一定要不断完善计划配置和市场配置体育资源的决策机制，推动市场机制决策和政府配置决策有机融合，在充分发挥市场决策优势的同时，以政府干预来弥补其漏洞。

（三）完善体育资源配置动力机制

计划配置的目的是实现体育的社会功能，完成国家发展体育事业的目标和计划。进行计划配置的主体是政府，虽然计划配置的目的具有公益性质，但是政府并不是一个“完美”的主体。根据公共选择理论，“虽然政府的职责是满足社会的公共需要，实现国家的公共利益，但是政府本身并不是一个尽善尽美的行为主体，其本身也是一位‘经济人’”。首先，政府部门本身具有自利性，这会使政府在体育资源配置的过程中，会实行一定超越经济性质的行为，导致计划配置的效率降低，无法达到预期的效果；政府部门还容易在自利性的驱动下，试图对社会资本转移所形成的体育资源进行行政操纵，并在一定程度上模糊了产权关系。其次，政府的工作人员在某种角度上也是一种“经济人”，他们为了追求自己在政治、经济等方面的利益，会在政府进行体育资源配置的过程中进行一些不当行为，使得最终的配置结果在一定程度上偏离最初的配置目标，削弱体育资源配置的公平性和公益性。因此，政府在体育资源的配置过程中可能并不会像人们想象的一样总能按照理性的认识和客观的需要进行合理规划，从我国的实际情况来看，为了政绩、经济利益等在资源配置中“做手脚”的大有人在。由此我们可以得出，单纯的计划资源配置方式存在动力不足的问题。

在市场经济中，市场主体为了获得更大的利益，会根据价格反映出来的供需关系，不断促进体育资源在各个部门之间流动。同时，市场机制下还会形成激烈的竞争环境，市场主体在利益和竞争压力的双重驱动之下，会不断将体育资源流动到需求最大、利润最高的部门中去，使体育资源总是在根据人们的需求在不同的部门之间流动。因此，我们可以看出，市场配置的内在动力要远远高于计划配置。

在完善体育资源配置的动力机制过程中，要坚持以市场配置为主，由市场主体根据消费者的需求进行生产活动，保证配置的效率和质量。同时，要以政府计划配置为辅，利用政府转移支付等方式，弥补市场配置在公共体育物品上的不足，促进体育事业的全面发展。

（四）完善体育资源配置的竞争机制

如果在体育资源配置的过程中单纯采用政府计划配置的方式，将会面临这种配置方式在竞争机制上的问题。首先，各地区政府之间的竞争将会对体育资源配置的效率和效果产生一定的不利影响。各地区政府为了帮助本地区争夺更多的体育资源，发展本地区的体育事业，彼此之间会出现竞争。而他们会在竞争中犯地方主义和本位主义上的错误，设置各种障碍进行地方保护，浪费和损失大量的体育资源，降低体育资源配置的效率，使配置效果大打折扣。其次，在政府部门内部，又普遍存在着体育资源配置过程中缺乏竞争的问题。政府部门垄断了公共体育物品的供给，缺乏竞争的结果就是政府部门的供应工作没有按照居民的需要进行，造成供给的不足或者过剩。此外，单一的政府计划配置方式还会在一定程度上妨碍体育市场竞争机制的建立，不利于体育市场的发展。

市场机制下，由于市场具有优胜劣汰的特性，所以在体育资源配置过程中的竞争程度会比较高。其优势是，能够提高体育资源利用的效率，促进体育产品质量和生产效率的增长。但是，其弊端在于，当市场竞争发展到一定阶段的时候，会出现市场垄断现象，垄断虽然能够体现规模经济的优势，避免过度竞争状况的出现，但是同样也会妨碍正常竞争，破坏市场秩序，不利于体育市场的发展和体育事业的进步。

在完善体育资源配置的竞争机制时，要充分发挥市场机制的作用，增强市场主体竞争的活力，提高体育产品的生产技术和生产效率。同时，也要注意防范垄断的出现，利用政府调控保证体育市场健康运行。

第四节　加强科技与竞技体育的融合

一、加强人体科学与竞技体育的融合

（一）根据人体科学原理进行科学选材

随着科学技术和体育运动发展的深入，人们越来越认识到科学技术在竞技体育中的作用，并逐渐加强科学与竞技体育的融合。从20世纪50年代开始，人们就开始在体育领域中大量引进生物学科的测试技术和先进仪器，并取得了良好的效果，进一步提高了体育选材的科学化程度。我国关于体育选材的研究起始于20世纪70年代中后期，至今已有四十多年的历史。后来，在田径、游泳、体操等体育项目中制定了运动员的选材标准。此外，我国研究人员还发现了通过X、Y染色体预测身高，通过骨龄、第二性征等预测发展潜力等选材方式，极大地提高了我国运动员选材的科学性。

在为竞技体育人才培养创造物质环境的过程中，一定要加强人体科学与竞技体育的融合，根据人体科学原理对运动员进行科学选材。教练员可以在分析运动专项对运动员不同身体机能要求的基础上，将遗传学规律作为理论依据，选拔在运动专项上具有身体机能优势的青少年，并通过科学的训练方式进一步促进其优势机能的发展和身体素质的全面进步，使其成为合格的运动员。

（二）根据生物力学分析动作技术

近年来，生物力学在竞技体育中被广泛运用，对于改进运动员的技术、促进竞技体育的科学发展起到了重要作用。首先，生物力学被运用在分析运动专项的动作和技术原理上，能够对运动员的技术进行诊断，帮助运动员改善运动训练的方法，为确定运动员的训练方法和改进运动员的技术环节提供了重要的理论依据。

其次，运动生物力学还能够被运用在运动创伤的预防和治疗上。以生物力学作为原理制定运动专项的动作和技术，能够有效防止运动损伤；根据生物力学的理论对运动员的损伤进行科学的诊断，并且为其制定科学的治疗方案，使发生损伤的运动员恢复得速度更快、恢复的效果更好。

运动生物力学还能被运用在康复器械的设计和改进上。康复器械对运动员的康复训练具有重要的作用，一方面能够帮助运动员的身体损伤快速恢复，一方面能够帮助运动员保持机体能力和素质。

目前，人们正在对生物力学进行更加深入的研究，并且还在对生物力学和竞技体育的结合继续进行探究。在人们的努力之下，未来生物力学在竞技体育中的运用一定会更加成熟和广泛，在运动医学、康复医学、劳动技术、运动器材等领域充分展现其价值。

（三）根据人体科学原理为运动员制定营养方案

人体科学原理能够在分析运动员的身体基础条件和运动消耗的特点的基础上，为运动员制定科学的营养补给方案，使运动员得到合理的营养补充。合理的营养方案对于促进运动员的发展具有重要的作用，首先合理的营养能够为运动员提供适宜的能量，供给运动员在运动训练中的消耗；其次，合理的营养能够保证运动员的机体在剧烈运动之后得到及时的恢复；合理营养可延缓运动性疲劳的发生或减轻其程度；合理营养有利于解决运动训练中的一些特殊医学问题（不同体育项目、不同环境、不同年龄期的特殊医学要求）；合理的营养可保障肌纤维中能源物质（糖原）的水平稳定，减少运动性创伤的发生率。

二、加强科学技术在体育器材上的应用

随着竞技体育的现代化发展，科学技术在体育器材上的应用越来越成熟，并且取得了很多优秀的成果。比如在2000年的悉尼运动会上，澳大利亚选手的夺冠就少不了他们身穿的黑色连体快皮的功劳，快皮能够使一名游泳运动员在100米自由泳比赛中的成绩提高1秒钟，这1秒在竞争异常激烈的游泳比赛中具有超乎寻常的重大意义。此后，人们越来越意识到泳衣的科技含量对于提高运动员的竞技成绩的作用，目前的鲨鱼皮PR泳衣在游泳比赛中的应用已经十分广泛。还有利用新技术材料制作出的竞技自行车、标枪、运动鞋等，这些材料和工艺上充满着高科技的研究成果。这些新材料和新技术往往具备重量轻、强度高、韧性大等优势，充分显示了体育器材的各项性能。

充分利用科学技术制造出的体育器材对于促进运动员竞技成绩的提高具有重要作用已经成为竞技体育领域的共识，加强科学技术与体育器材的融合也已经成为竞技体育的重要发展趋势。

三、加强科学技术在竞技体育信息传播中的作用

随着竞技体育的商业化发展和全球化进程的加快，竞技体育的信息传播状况越来越受到人们的关注。

信息传播一方面能够促进各个国家、地区之间各个体育组织之间的交流、合作，促进体育运动朝着国际化和民族化并存的方向发展，使得各个国家的竞技体育博采众长，形成为我所用的开放性竞技运动体系。另一方面，能够通过媒体技术使竞技体育的各种赛事、活动在全世界范围内传播，并以此来获得经济利益。

四、加强测量技术在竞技体育中的应用

加强测量技术在竞技体育中的应用对于提高测量数据的准确度和可信度具有重要意义，测量数据能够客观反映出训练和比赛中需要解决的问题，而标准化规则的确立又提高了科学技术的可操作性，从而使科学技术在竞技体育中的应用成为普遍现象。

科学的测量技术贯穿竞技运动的始终。在训练过程中，通过科学的测量工具和测量手段对运动员的训练效果进行测量，达到及时监控运动员的训练效果的目的，测量出来的数据一方面能够反映当前的训练成果，另一方面能够为制定和调整下一步的训练计划提供科学的依据。在比赛过程中，人们已经在多个运动项目中利用科学的测量手段和测量工具对运动成绩进行判定。比如电子测速、测距已广泛应用于田径项目的速度、远度和高度上，替代了人的判断能力；由于科技对网球拍的改良，使运动员击球时的球速已使人的判断能力难以判定网球是否在界内还是界外，于是运用科技手段可以解决，即通过计算机处理，实时回放显示屏幕上，足球比赛中的违规进球与行为，也运用这样的科技手段，即使不能改变结果，也为组织者今后提供改进的依据。

第三章　竞技体育后备人才培养的社会环境创设

不同时期竞技体育后备人才的培养都是在一定的社会背景下展开的，社会发展对竞技体育后备人才的培养具有重要的影响，因此必须重视对和谐社会环境的创设，从而为竞技体育后备人才培养工作的顺利展开提供良好的社会环境与保障。本章主要建立政府与社会力量的友好互动关系、完善社会保障机制、加强职业教育与培训、处理退役安置问题等四个方面来研究如何为竞技体育后备人才培养创设和谐稳定的社会环境。

第一节　建立政府与社会力量的友好互动关系

在我国培养竞技体育后备人才的历史中，政府始终居于主导地位，从最初的选材到训练、比赛，再到最后的退役安置等一系列的工作始终都是由政府所包揽完成的，这种培养方式在特定历史时期确实发挥了重大作用，为我国培育出了大量的优秀运动员，为我国竞技体育的发展做出了巨大的贡献。但是随着经济体制的转变和体育强国战略的提出，完全由政府主导和统办的人才培养模式弊端外露，与市场经济体制不匹配，与体育强国战略目标不一致。在市场经济体制下，社会力量参与竞技体育后备人才培养是克服政府大包大揽培养人才的模式的弊端的重要路径选择，这也是时代发展的需要。我国近年来不止一次在重大政策性中提出要动员社会力量参与竞技体育后备人才培养，要对竞技体育后备人才培养的多元化格局和新模式进行构建。政府培养竞技体育后备人才若能获得社会力量的全力支持，那么将会大大提高培养的效率和质量，也能在一定程度上解决后备人才未来的出路问题。.政府和社会共同培养竞技体育后备人才具有重要的时代意义和现实意义。本节重点对如何在政府与社会力量之间建立友好互动关系，从而推动竞技体育后备人才培养的发展而展开研究。

一、竞技体育后备人才培养中政府与社会力量的职能

在竞技体育后备人才培养中，我国的政治、经济、文化现状直接影响政府与社会力量各自的职能、行为以及二者之间的关系。随着历史的发展与社会的变迁，政府和社会力量在培养后备人才过程中的主要职能和行为方式也会有所变化。纵观我国竞技体育后备人才培养的历史与现状，政府和社会力量的主要职能表现如下。

（一）政府职能

我国竞技体育后备人才的培养历史中，政府扮演着多重角色，是重要的发起者、主导者和管理者，国家的体育资源掌握在政府手中，政府采用行政方式配置这些资源，从而对竞技体育后备人才培养的进程进行调控与管理。但政府也是在遵守市场规律的基础上而发挥自身职能的，为了吸引社会力量参与竞技体育后备人才的培养，政府采取了降低门槛、出台优惠政策、协助管理等多种手段，并对社会力量的参与行为进行有效的监控和积极的干预，从而最大限度地提升人才培养效率和效果。从政府的培养行为来看，我们将其职能概括为下列三个方面。

1. 资金保障

培养竞技体育后备人才需要大量经费支持，而经费主要来源于政府部门，政府也采取购买服务的方式为人才培养提供资金保障。

2. 政策保障

政府出台相关法律、政策，从而保障后备人才的合法权益，并对相关人员的行为进行约束，对人才培养的工作秩序予以维护，加强法制管理。

3. 宏观管理

竞技体育后备人才培养的整个过程，包括最初的选拔到最后的绩效评价等，都由政府监督、控制与管理，政府不断完善自身职能，对各培养主体、利益主体之间的关系进行协调，并将市场运作机制融入人才培养中，倡导培养方式的多元化，从而提高培养效率。

（二）社会力量职能

在我国竞技体育后备人才培养中，政府居于主导地位，是主力，而社会力量是要补充力量和辅助力量，发挥着举足轻重的作用。完全由政府主导的人才培养模式存在经费来源单一、资金提供不足、管理失灵、人才流动不灵活等问题，而社会力量的参与一定程度上可以弥补这些缺陷，克服这些弊端。

社会力量参与竞技体育后备人才的培养是有天然优势的，其优势与职能具体表现在以下几个方面。

首先，社会力量本身具有很高的灵敏度，了解社会需要什么样的体育人才，清楚什么样的体育人才可以适应市场经济和竞技体育的发展需要，基于灵敏的市场判断而对人才培养目标及方式进行有针对性的调整。

其次，社会力量具有很高的运作效率，在培养后备人才的过程中，社会力量将市场资源充分利用起来，优化资源配置，以较少的成本投入而实现利益最大化，最终促进人才培养效率的提升。

最后，社会力量有着多元化的组织机制、流畅的反馈机制以及灵活的管理机制，对于人才培养中遇到的问题能够快速解决，尽快根据市场需要而调整培养目标，从而确保方向的准确和促进效率的提升。

在竞技体育的发展中，后备人才是基础，是根本，是关键，对竞技体育的可持续发展产生了决定性影响。培养竞技体育后备人才离不开政府的主导和调控，但如果过分依赖政府职能，那么也会带来很多问题；社会力量在后备人才培养中也发挥着重要的作用，但倘若只靠社会力量去培养人才，那么有限的力量也会制约最终的培养成果。可见，不管是政府，还是社会力量，都不是万能的，都有自身的缺陷和问题，也都会在人才培养过程中遇到自身无法解决的难题。为此，为了提高后备人才的培养效率，防止人才断层，及时为我国源源不断地输送人才，要充分发挥政府在人才培养中的主导作用和调控职能，发挥社会力量在人才培养中的辅助作用，将政府和社会力量的关系处理好，由政府和社会力量共同推进人才培养工作的顺利开展，共同努力提高人才培养的综合效益。

二、不同时期竞技体育后备人才培养中政府与社会力量的互动特征

新中国成立以来，我国经济体制经历了由计划经济到双轨制经济再到市场经济的变化过程，在不同经济体制下，我国在竞技体育后备人才培养中建立了不同的培养模式，而且在不同培养模式下，政府和社会力量的互动关系及特征也有差异。社会环境尤其是经济环境对政府与社会力量在人才培养中的互动关系有直接的影响。下面具体分析两种经济体制下我国政府和社会力量在竞技体育后备人才培养中的互动特征。

（一）计划经济时期竞技体育后备人才培养中政府与社会力量的互动特征

建国初期，我国对竞技体育后备人才的培养主要由政府全权负责，目的是培养优秀的运动员人才，从而在国家竞技体育比赛中取得好成绩，为我国赢得荣誉，为政府外交提供便利，提升国家的综合实力和国际形象，当时没

有专门设立机构部门来负责此项工作，国家主要依托学校业余训练来培养后备人才。1952年，政府成立“中央体训班”以备战奥运会，体育训练班随后陆陆续续在一些省市出现，这是专业体工队建立的基础条件。1960年，竞技体育的发展受到政府的高度重视，国家建立三级训练网来培养竞技体育运动员，并将此作为今后一段时间竞技体育的工作重点。在这一后备人才培养模式下，政府与社会力量的参与具有以下特点。

政府通过体委对相关资源进行控制，集中调配优势资源用于重点项目人才培养，在计划经济体制的影响下，竞技体育人才的培养由政府垄断，社会力量没有参与的机会，组织管理职能得不到发挥，政府和社会力量的参与及互动没有平衡性。

（二）市场经济时期竞技体育后备人才培养中政府与社会力量的互动特征

改革开放以来，我国竞技体育改革不断深入，主要表现为政府调整自身职能，加强宏观调控，社会力量获得了一部分参与权。随着市场经济体制的不断形成，我国竞技体育的市场化进程也不断加快，足球、篮球等项目率先走上职业化改革之路，政府与社会共同参与体育事业的新格局初步形成。我国竞技体育后备人才的培养也体现出市场化、职业化特征。在新的人才培养模式下，政府与社会力量的互动关系与特点如下。

政府放权，对竞技体育市场化的行政干预逐渐减少，社会力量获得了参与推动竞技体育市场化发展的权利和机会，发展空间很大，政府和社会力量在后备人才培养方面双方关系逐渐趋于平衡。在市场经济体制下，不管是政府还是社会力量，都要遵循市场经济规律来参与人才培养工作，为推动竞技体育的发展而服务。但我们不能因为确立了市场经济体制而忽视政府在后备人才培养中的重要作用，我国市场经济体制还不够完善，完全依靠社会力量来培养后备人才不可行，唯有政府和社会力量相互合作，建立和谐的互动关系，共同培养后备人才，才能提高培养效率，推动竞技体育发展，逐步实现建设体育强国的战略目标。

三、政府与社会力量建立互动关系的影响因素

（一）预期收益

政府与社会力量都参与后备人才培养，他们都是投资主体，但类型不同，二者的预期收益能否达成要看如何进行利益分配，而这又直接决定这两类投资主体是否能建立合作关系，协同培养竞技体育后备人才。所以说，在政府与社会力量建立互动关系的过程中，利益因素是非常重要的影响因素，也是有起伏波动的变量因素，要建立和谐的互动合作关系，就要在人才培养过程中围绕利益而选择策略，选择适宜的策略促使二者在利益双赢中培养竞技体育后备人才。

在竞技体育后备人才的培养中，政府与社会力量虽然都有参与，但是动机有区别，不过归根结底都是为了最大限度地实现各自利益。而政府与社会力量友好互动，互帮互助，有助于各自利益的充分实现。政府在人才培养中资源不足，能力有限，而依靠社会力量可以弥补自己的不足，提高培养效率，最大限度地提升社会收益。社会力量在人才培养中缺乏优惠政策的扶持与保障，很多地方都有准入条件的限制，因此需要借助政府力量来为自己提供政策优惠和扶持，为自己涉猎多个行业提供门槛和机遇，从而获得良好的经济效益。

（二）支付成本

政府与社会力量建立与调整互动关系，要考量各自承担的风险和投入的成本，以及风险与成本的投入与收益是否成正比。政府与社会力量虽然都在参与后备人才培养，但二者的支付能力差异显著，能够承受的最大支付额不同，所以要求支付成本不超过各自的最大承受值，一旦超过其中一方的最大支付额，那么该方一定会退出这个关系，打破互动与合作。政府在竞技体育后备人才培养中，不仅要承担基本的成本，还要为了与社会力量建立友好合作关系而承担合作交易成本及对社会力量加以扶持的成本，因为承担多方成

本，所以承担的风险也比较大。社会力量在后备人才培养中会获得政府的资金扶持，但除此之外的成本如投资成本、经营运作成本等要由自己来承担，同样面临一定的市场风险。所以要在政府和社会力量之间建立与维持友好互动的关系，就要同时达到支付成本低、预期收益高的条件，这也是吸引社会力量参与人才培养的重要前提。

（三）资源水平

社会活动的参与主体之间建立互动关系并取长补短，这是由资源的分散性所驱使的，各参与主体之间建立合作关系的意愿强度是由各个主体对他人资源的依赖程度所决定的，这是资源依赖理论的一个主要观点。政府倡导社会力量积极参与培养后备人才的相关工作，主要是因为政府对市场丰富的资源有很大程度的需求和依赖，借助这些丰富的技术资源和管理资源可以促进政府培养后备人才的运行机制的顺利运行，促进培养效率的提升。社会力量愿意与政府达成合作，一是为了获得资金扶持，二是为了获得公共资源，掌握配置权利，从而拓展自己的生存与发展空间。

综上，在竞技体育后备人才培养中，政府与社会力量建立互动合作关系的主要影响因素包括预期利益、支付成本和资源水平，这两类参与主体都追求最大限度地获取利益，在明确目标的基础上分配利益、调整策略，形成与巩固稳定的和谐的互动合作关系。

四、进一步推动政府和社会力量良性互动、合作共赢的建议

（一）转变政府职能

政府主导的后备人才培养模式问题较多，新形势下要求政府重新审视自身职能，结合我国后备人才培养的发展目标，主动转变职能，调整治理方式，注重服务行政，引入社会力量共同参与，理清自身与社会力量的职能，

各司其职，分工合作，提高培养效率。

（二）培育社会力量

政府要简化社会力量培养后备人才的路径，在许可范围内放宽要求、降低门槛，吸引更多社会力量参与，打破不要的壁垒。政府还应加大政策、经济、管理等多方面的扶持力度，增强社会力量的自生能力，不断壮大社会力量。

（三）保持平等地位

政府要与社会力量建立良好的互动关系，就要转变行政理念，逐步放权给社会力量，把基本的培养工作交于社会力量，增强彼此互信，为社会力量提供发展空间。社会力量与政府拥有平等竞争培养权的机会，要让社会力量在资金、组织机构、管理上享受平等的独立性，从而更好地发挥作用。

（四）完善法律制度

现阶段，我国关于竞技体育后备人才培养的法律法规并不完善，导致社会力量不清楚自己的职责范围、权利义务、服务领域，无法顺利参与培养工作，因此需完善法律制度和监督机制，明确社会力量的准入条件、职责范围等，保障其合法地位，为社会力量提供足够的政策保障，建立社会力量的监督与评估体系，全面监控社会力量的行为，维护市场稳定。

（五）创新合作模式

建立政府与社会力量良好合作的创新机制，推进合作内容、合作形式和合作方法的创新，形成创新驱动机制。加强对后备人才培养的参与机制的创新，政府可以采用购买、合作、招标等灵活多变的适应性措施，为社会力量提供更多的选择。社会力量应根据市场需求，通过多方融资、高效运作等提高培养质量与效率，推进与政府的深度合作，建立良性运作的合作新平台。①

第二节　完善竞技体育后备人才市场的社会保障机制

一、我国竞技体育后备人才市场中社会保障的主要问题

（一）社会保障理念缺失

竞技体育后备人才的社会保障工作由政府主导，目标明确、统一。但随着市场经济及竞技体育的不断发展，从某种程度上讲社会保障的价值理念是缺失的。政府在社会保障相关工作的开展与管理中，虽然公平公正，但是由政府配置资源增加了投入成本，也影响了最终效率，而且增加了政府部门的财政与工作负担。

（二）社会保障监督不力

在我国，由政府全权负责对竞技运动员的社会保障，保障经费主要来自于财政部门。但是有限的保障经费和不断增加了保障需求构成了一对尖锐的

① 杨蒙蒙，吴贻刚.竞技体育后备人才培养中政府与社会力量互动关系研究[J].体育科技文献通报，2018，26（10）：74-77.

矛盾，很多后备人才的发展需求得不到满足。而且，我国对竞技体育后备人才提供的保障缺乏有效的监督，因此一些不规范的保障工作没有及时调整，相关部门也没有明确的职责划分，经费使用效果也不理想，资源利用率低，最终影响了社会保障的效果。

（三）社会保障制度滞后

虽然我国出台了一些与竞技体育后备人才社会保障相关的政策，如《全国体育人才发展规划（2010–2020年）》《关于加强竞技体育后备人才队伍建设的若干意见》等，其中明确了社会保障的内容，为开展相关工作提供了法律支持，但是很多政策尚未上升到法律制度的层面，大都以地方规章、行政规定（通知、条例等）等形式呈现出来，权威性不强，影响了执行力度。

（四）社会保障教育缺位

面向我国竞技体育后备人才的社会保障应该是全面的，应该包含教育保障，但目前我国后备人才的文化教育得不到保证，导致运动员文化水平低，缺乏良好的社会适应能力，退役后面临激烈的竞争压力而无法顺利就业，影响一生。

二、完善我国竞技体育后备人才市场的社会保障体系的对策

（一）重塑社会保障科学理念

马克思认为，竞技体育作为人类的一种特殊的社会实践，从根本上说，是通过人和为了人而真正占有人的本质的过程。如果忽视运动员的权益，将视线以“工具理性”的方式聚焦在唯成功、唯金牌论，以锦标主义为核心的

目标凌驾于人的发展之上时，就会使竞技体育的高尚荡然无存。因此，必须从“以人为本”的高度来重审后备人才的主体性价值，从而突破“补偿”的传统观念，建立完整的社会保障体系。

（二）建立社会保障监管机构

设立专门的社会保障部门，各部门协同配合，提高工作效率，保障后备人才的合法权利，对其受保障情况进行监督。成立退役运动员就业指导部门，分析和规划运动员将来的方向和出路，请专门的培训人员进行职业技能培训，推荐运动员进入高校深造。[①]

（三）健全社会保障法律体系

建立健全社会保障体系离不开法律制度的强力支持。针对我国竞技体育后备人才培养的现状而完善医疗保险、意外伤害保险等保险制度，并着眼未来而完善就业安置法律，从而使后备人才的权利受到全方位保障，解决后备人才及其家长的后顾之忧。

（四）提升后备人才的维权意识和文化素质

在完善竞技体育后备人才市场的社会保障方面，还要培养后备人才的自我维权意识，使其明确自身享有的权利和应有的保障，在自身利益受损时及时向有关部门提出，维护自己的合法权益，保护自己的利益。此外，还要为后备人才的文化教育提供保障，将文化教育和职业培训结合起来，提升后备人才的文化素质和职业技能，从而为未来发展做好准备。

---

① 董川，陈玲.我国运动员社会保障的机遇、挑战与对策[J].牡丹江师范学院学报（自然科学版），2020（02）：66-69.

第三节 加强对竞技体育后备人才的职业教育与培训

一、竞技体育后备人才职业教育

（一）竞技体育后备人才培养阶段的职业教育

青少年后备人才主要分布在中小学、高中、中专、体校、青少年体工队等，对该阶段的后备人才进行职业教育，主要应做到以下几点。

1. 普通学校坚持训练的业余性

目前，我国普通中小学、高中或中专的运动训练存在时间长、训练早期化以及运动员文化知识教育欠缺等现象。而根本原因是没有坚守运动训练的业余性。因此需要正确认识基础教育、中等教育中学校体育的地位和作用，正确认识竞技体育后备人才与竞技体育运动员的本质差别。

2. 运动学校坚持训练的专业性

我国体校已初步形成了“育人为先、训教并重、体教结合”的培养模式，致力于培养思想品质优秀、训练基础扎实、文化素养良好、具有良好社会适应能力的优秀后备人才。面向体校的学生，要充分开展与后备人才特征相匹配的文化教育，紧扣专业特点、学习特点开展有利于专业发展的专业基础性文化教育。

3. 青少年体工队坚持训练的针对性

青少年体工队要开展有针对性的体育职业基础教育，为运动队配备文化教师，实施文化教育，并采用走读式到体校参加文化教育课程的学习，或由体工队和体校系统联办，真正实施有针对性的文化教育，提高基础期的职业教育。

（二）青少年运动员入队后的职业教育

从青少年运动员一入队就进行职业教育，对不同文化程度的运动员进行分层教育，并有计划地开展职业生涯规划教育，提高运动员的就业意识、就业技能。

由于运动员职业技能水平低下，就业面窄，所以要及早做好职业生涯规划，学习将来从事职业所需要的技能，做好针对性的准备。运动员从入队起做好职业生涯规划，有利于考大学时有针对性地选择专业。

国家和国家领导人十分关注运动员的职业生涯规划。运动员所在的管理单位必须高度重视运动员的职业生涯规划工作，定期举办就业推介活动，组织运动员参与职业供需见面会，组织开展职业生涯规划课程或讲座，增强运动员的就业意识，通过职业生涯规划课程教育，丰富运动员的职业生涯规划知识，提升运动员合理规划自身职业生涯的能力。①

为了保障竞技体育后备人才职业教育工作的落实，应建立相应的组织管理体系（图3-1），从而有序开展职业教育工作，提高教育效率，提升后备人才的职业知识素养和技能素养，

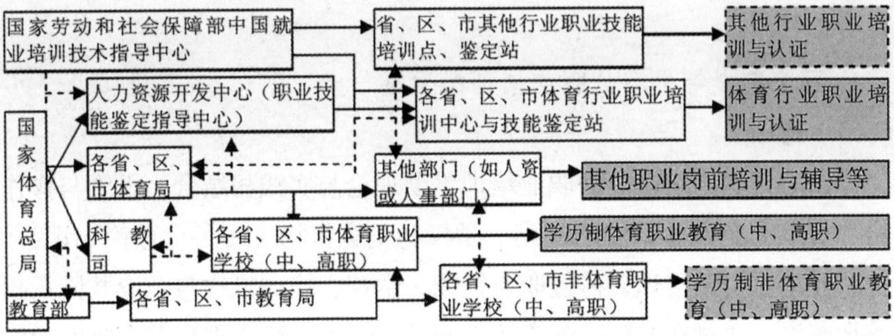

图3-1　竞技体育后备人才职业教育的组织管理体系②

---

① 张丽娜，张恒波，陈志辉.专业运动员职业教育不同阶段的保障机制研究[J].体育科技，2015，36（04）：5-7.

② 张丽娜，张恒波，陈志辉.专业运动员职业教育不同阶段的保障机制研究[J].体育科技，2015，36（04）：5-7.

二、竞技体育后备人才职业培训

（一）我国竞技体育后备人才职业培训的问题

现阶段，我国竞技体育后备人才职业培训存在以下问题。

首先，职业培训的法律法规不健全，大部分职业技能培训机构是民营性质，以盈利为目的，培训质量不高，缺乏严格的考核、资格认证标准以及相应的监督机制。

其次，培训手段和培训形式单一，基本都是通过授课的形式开展，培训内容简单且不对口，缺乏科学系统的设计。

最后，青少年运动员的职业培训还处于摸索阶段，就培训现状来说效果并不理想，在组织形式、培训主办方和承办方之间的权责问题、培训内容设计等方面存在很多有待改善的地方。

（二）国外青少年运动员职业培训的经验对我国的启示

1. 国外青少年运动员职业培训的发展

（1）德国

德国对青少年运动员的职业培训贯彻理论与实践相结合、思维与操作相结合、学校与企业相结合的原则。学校和培训机构主要负责理论知识教学，相关企业注重实践培训，传授职业技能，学校、培训机构与企业共同承担职业培训职责，通过在教学、师资等方面的密切配合而实现培训内容的融汇与互补。

（2）美国

美国对青少年运动员的职业培训以完善的法律体系作为保障。政府制定专门法律以明确各级政府的职责、服务对象以及实施程序，多元化的培训机构满足不同群体对职业技能的需求。美国根据市场需要设置培训方案、培训目标和培训课程，培训内容突出知识技能的应用性，重视技能培训的实践性，保证培训质量。

（3）日本

日本青少年运动员职业培训体系十分完善，培训机构各司其职，提供贯穿运动员整个职业生涯的全方位培训服务，培训注重个性化学习，培训期间以实习为主，培训内容实用性强，实践与操作技能的传授是重点培训内容。

（3）澳大利亚

澳大利亚的TAFE（技术和继续教育的缩写）教育体系经过长期的发展已非常成熟，TAFE看重职业能力的培养以及专业技能的培训，使培训对象可以迅速适应岗位的需求。培训课程十分丰富，具有阶段性和连续性，几乎包含了社会各行各业的培训内容，为培训对象提供了广泛的选择空间，培训对象可以根据自己的兴趣爱好和未来发展需要而选择课程内容。①

2. 国外青少年运动员职业培训的特点

概括而言，发达国家青少年职业培训的特点如下。

（1）遵循市场规律

发达国家根据社会需求制订青少年运动员职业培训计划，并根据市场需求的变化而调整计划。

（2）注重法律保障

发达国家在青少年运动员职业培训方面有较为完善的法律体系，对职业培训进行法律约束和规范。有关法律或规定在青少年运动员职业培训课程的设置及课程内容、培训方法、培训师资等方面都有相应的规定或标准，而且还有专门的部门监督培训机构对这些法律法规的落实情况。

（3）注重实践培养

发达国家注重培养青少年运动员的实践能力，采取培训机构与社会企业单位相结合的模式进行培养。培训对象在培训机构接受一定时间的培训后，进入企业实习，在实践中锻炼自己，提高自身的社会适应能力、实践操作能力。进入企业实习的人对市场需求会有更多的了解，从而会根据现实需要而有重点地学习知识和技能。

---

① 王天宇.美国、德国、澳大利亚和日本职业培训的特点及对我国运动员开展职业培训的启示[J].文体用品与科技，2014（12）：24.

（4）重视个性化培养

发达国家注重培养青少年运动员的个性。培训机构会先评估培训对象的求职兴趣和方向，根据其实际情况而进行个性化的职业规划，设置相应的培训课程，采取针对性的培训方式而使培训对象的职业需求、个性化需求得到满足。

3. 国外经验对我国竞技体育后备人才职业培训的启示

发达国家关于青少年运动员职业培训的成功经验对我国有重要的启示和借鉴意义。

（1）构建青少年运动员职业培训模式，该模式包括政府、社会培训机构和青少年运动员三个主体，政府应发挥牵头作用。

（2）为青少年运动员制订针对性、个性化的职业生涯规划，根据运动员的实际情况而设置培训课程，精选培训内容，要坚持职业培训与择业教育相结合、培训形式与就业方式相结合、运动员文化基础和择业意向相结合、理论知识与岗位实践相结合的“四结合”原则。

（3）对运动员进行分层次、分阶段的职业培训，在后备人才培养阶段、进入运动队训练阶段进行不同层次的职业训练，培训内容、培训方法的设计要体现出阶段性和层次性。

第四节　妥善处理竞技体育运动员退役后的安置问题

一、我国运动员退役安置的主要问题

（一）运动员退役安置系统复杂

运动员的退役安置不是某个单一主体的行为，而是在我国政策、经济、社会等外界环境影响下，政府、社会、体育部门、学校以及家庭等不同主体之间的交互作用的复杂行为。在复杂性科学视角下，我国运动员退役安置系统是一个集多维目标、多主体和多子系统于一体的开放性复杂系统（图3-2），包括政策制度系统、市场经济系统、社会环境系统、多元主体系统。其中政策制度系统是重要保障和指南，市场经济系统是要素载体，社会环境系统是社会基础，多元主体系统是核心驱动力。运动员退役安置系统复杂增加了运动员退役安置工作开展的难度。

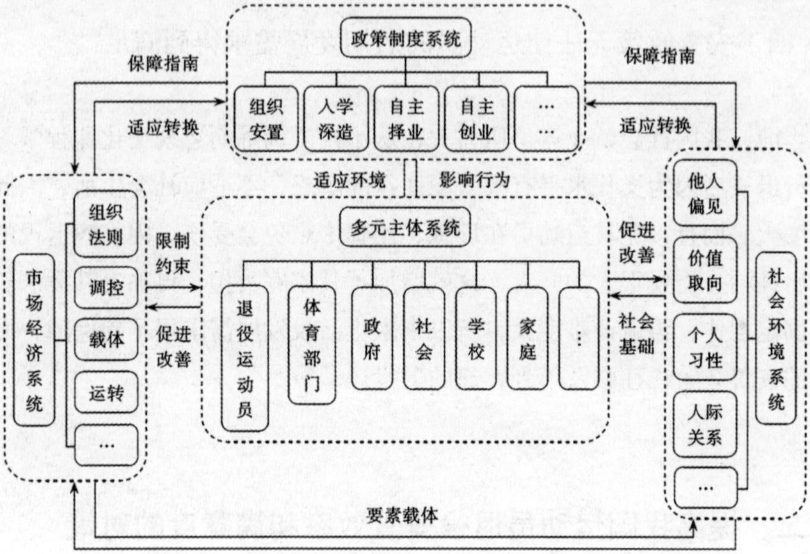

图3-2 运动员退役安置复杂系统①

（二）退役运动员数量多，与有限的政策覆盖率形成了矛盾

我国出台的运动员退役安置政策，一般是优秀运动员优先享有，但优秀运动员毕竟是少数，普通运动员占绝大多数。从现实来看，普通运动员退役后并不能完全享受各种优待福利，只有一些经济补偿金，没有稳定工作和收

① 杨尚剑.我国运动员退役安置系统特征、演化及调控机制——基于复杂适应系统理论[J].北京体育大学学报，2021，44（04）：69-81.

入来源，无法保证基本生活开销。

（三）退役运动员社保体系不健全

我国运动员社会保障体系以社会保险和互助保险为基础，商业保险为补充，政府救济补偿为依托。虽然伤残赔偿标准中是按照伤残等级不同而提供补偿的，但对丧失劳动能力的伤残运动员来说这些补偿无异于杯水车薪。

（四）安置政策无法使运动员的后期发展需求得到满足

当前，我国社会就业竞争压力大，从小接受训练而忽视文化课程学习的运动员退役后因为文化水平有限、职业技能匮乏，不适应社会生活，因此就业难度大。而且，竞技运动员在训练、比赛中难免会受伤，因伤病退役的运动员后续治疗需要很大的开支，这就增加了其家庭负担，再加上其无法长期从事固定工作，再就业难度大，所以未来生活及发展需求得不到保障，而且现有的安置政策往往顾及不到普通的退役运动员。

二、提高我国运动员退役安置效率和满意度的对策

（一）建立适应机制

在我国运动员退役安置系统中，主体的适应性具有复杂性、交互性等特点。依照复杂适应系统理论，建立运动员退役安置系统的适应机制应主要从以下两个层面进行。

（1）在宏观层面，可建构从多元主体到外界环境再到多元主体的交互作用模型（图3-3）。在多元主体系统中，任意主体的行为变化都会影响其他主体的适应性行为。例如，政府和体育部门对运动员退役安置政策的推陈出新，会使其他主体产生与之相适应的行为。

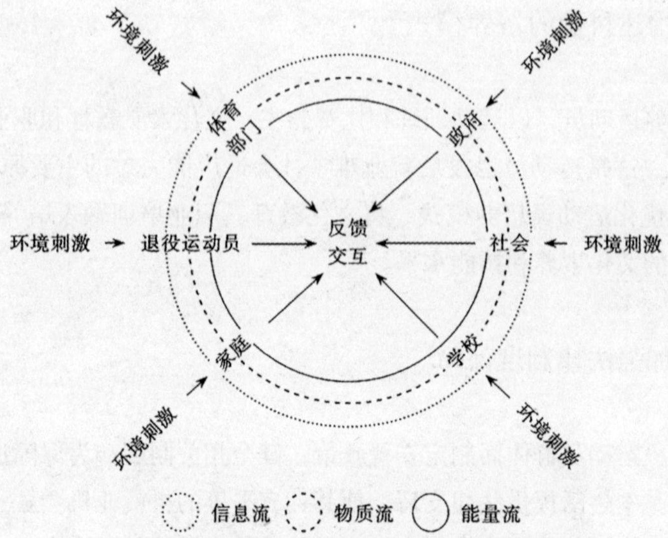

图3-3　宏观层面运动员退役安置的适应机制①

（2）在微观层面，可以建构单一主体的适应机制，简单将其描述为主体适应、行为控制和反馈3个阶段，如图3-4所示。

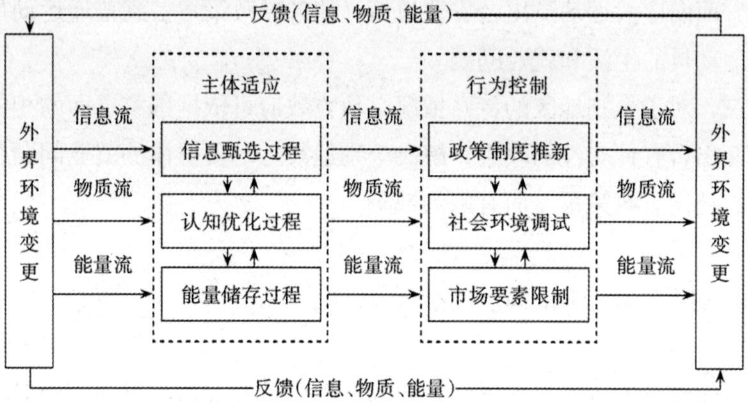

图3-4　微观层面运动员退役安置的适应机制②

---

① 杨尚剑.我国运动员退役安置系统特征、演化及调控机制——基于复杂适应系统理论[J].北京体育大学学报，2021，44（04）：69-81.

② 杨尚剑.我国运动员退役安置系统特征、演化及调控机制——基于复杂适应系统理论[J].北京体育大学学报，2021，44（04）：69-81.

（二）构建科学的培养模式

我国培养运动员，以运动训练和比赛为主，文化素质教育和职业技能培训受到忽视，这是运动员退役后就业难、社会适应能力差的主要原因之一。对此，必须优化运动员培养模式，将文化教育、职业培训融入培养计划中，提高运动员的文化素养和技能水平。

（三）加强法律制度保障

面向退役运动员群体而制定安置政策，健全相关制度，为保障退役运动员的就业、基本生活提供法律支持，使其拥有平等的再就业机会。

第一，国家从法律层面统一安排退役运动员安置的相关事宜。运动队为引进优秀运动员，可与之签订关于退役后安置的相关协议或合同，协议有法律效应，受法律保障。

第二，政府不仅要关注优秀运动员退役后的生活和就业，还要关注普通运动员，面向广大运动员出台安置政策，使各项政策覆盖到普通运动员，解决更多运动员的生活和就业问题。

第三，对于个别地区的特殊情况，地方政府可依据国家层面的相关规定与要求而出台有针对性的政策，解决个别退役运动员群体的就业问题和生活问题，弥补国家政策覆盖面有限的缺陷。

（四）探索多元化的就业路径

退役运动员安置中最根本的是要为其提供就业渠道和机会，使退役运动员获得经济来源，能够自力更生，因此要不断探索新的就业渠道，为退役运动员提供更多的就业方式。

第一，对退役运动员的就业市场进行全方位的拓展，适当降低退役运动员就业门槛，并放宽中小企业进入市场的门槛，为退役运动员提供更多的就业机会。鼓励退役运动员创新创业，政府给予政策支持和资金补助，金融机构可为其放宽信贷限制。

第二，学校单位聘请退役运动员担任体育教师、教练员、裁判员等相关职务。退役运动员有丰富的运动经验，专业水平高，自律性强，在学校从事教师与训练工作能够充分发挥自身的价值。

第三，鼓励退役运动员创立健身俱乐部或进入健身机构担任教练员和指导员，帮助广大健身爱好者进行专业的健身锻炼，退役运动员也可以进入体校或训练机构担任教练员或管理员，指导专业训练。

第四，随着全民健身的不断发展，大众健身活动的开展对社会体育指导员有大量的需求，但目前我国严重缺乏社会体育指导员，从而制约了大众健身的发展。因此应鼓励退役运动员主动考取社会体育指导员职业资格证书，进入基层为大众提供专业指导和服务，在发挥自身专业优势的同时推动全民健身的发展。

（五）健全社会保障体系

我国要不断健全与完善退役运动员社保体系，使各项保障工作的开展都有据可依，从而对运动员退役后的基本生活予以保障。在健全社保体系方面，意外伤害保险、医疗险、养老险是要重点完善的几个险种，从而为退役运动员提供全方位的保障。

第四章　竞技体育后备人才培养的文化环境创设

当今国际社会，竞技体育以及成为代表社会发展和文明进步的重要标志，它体现着国家的软实力和社会的文明程度。根据国家综合国力的发展速度和规模，要相应地提高体育发展的速度和规模，充分发挥我国的体育实力，为国家的进一步发展做出贡献。因此，对竞技体育后备人才的培养具有国际战略意义，体育人才的培养需要教育制度、物质环境、文化环境、时代机会等多方面的因素。本章将着重从优化体育文化环境、加强竞技体育后备人才文化素质教育以及构建竞技体育后备人才文化教育体系三个方面展开详细论述。

第一节　优化体育文化环境

一、体育文化的概述和构成

（一）体育文化的概念

现代奥林匹克运动的创始人顾拜旦指出：奥林匹克精神首先是一个文化概念。这是首次将体育作为一种文化纳入社会文化的大系统中去。体育文化是从属于社会文化的亚文化，既有社会文化的性质和特点，也具有体育所特有的个性化特征，它依附于社会主流文化，受社会文化大系统的制约，也参与社会文化的演进，同时，体育文化又具有自身相对独立的发展规律和运行机制。

体育文化是人们在社会生活和体育活动中所建立的一整套规范体系和价值体系，以及体育生活方式和活动设施等等。它不仅能满足人们自然运动的需求，也能满足人们的社会心理需求。将体育与国家风情、城镇风貌、人文发展有机地联合起来，构建中国新时代的体育文化环境，为国家的竞技体育后备人才的培养提供助力。

（二）体育文化的构成

与其他文化一样，体育文化也是由诸多因素相互作用、相互关联，形成一种相对稳定的整体形貌。在这一有机整体中，包含了物质文化、制度文化和精神文化三要素。处在体育文化形态表层位置的体育物质的形态。比如体育场馆、体育场以及体育器材等基础性设施及其数量；中间层面的是体育制度的状况；处于最深层的是体育观念和意识等这些精神文化。以下将通过分析三种体育文化的特性来透彻理解体育文化的三要素。

1. 体育物质文化的特性

体育物质文化的特点主要体现在基础性、物质性和易显性三个方面。

（1）基础性

首先，体育物质文化是体育制度文化和体育精神文化的基础。很显然，如果没有足球和体育馆，那么足球协会、世界杯、足球俱乐部、足球精神、这些就根本无法存在也不可能得到发展。因此，体育物质文化的建设和优化，要从基础抓起。

（2）物质性

体育物质文化是有物质实体的、可以感知的体育文化事物。也就是说，体育物质文化首先是物质的，其次才是精神的。比如一本体育专业训练指导的书籍或者一双具有收藏价值的球鞋，虽然其中含有相当的体育精神内涵，但是归根结底还是物质性的，进一步推倒得出，体育物质文化是在极为有限的空间和时间上存在。也就是说，体育物质文化的服务受限于时间和空间，那么在优化体育文化环境时，就要求能够多地区建设，延续性地发展和建设。

（3）易显性

体育物质文化处于整体体育文化的表层，是体育文化发展的直观表现。这一点在优化体育文化环境，特别是对竞技体育后备人才的培养方面意义重大。体育物质文化可以最快地吸引年轻人的注意力和热情，在这方面它比起体育制定文化有更多的优势；它在传播方面具有感官上的即时性和直接性，而体育精神需要更多的精准性和更高的难度要求。

2. 体育制度文化的特性

（1）时代性

体育制度的特性之一就是会随着时代的变迁以及全力的更替而发生变化，特别是体育制度的最高层次，尤其明显。因为时代文化表达的往往就是统治阶段的文化。但是，人类整体文明和时代都在不断地进步，体育制度文化也在与时俱进地发展中。

（2）俗成性

与其他制度文化不同的是，在体育制度文化中，有很多制度并不是由上到下强制规定和执行的，而是尊重和依据体育发展历程中约定俗成沿袭至今的，是体育参与者长期的无意识的产物。特别是一些少数民族的体育其俗成性就更为明显。

（3）连续性

在体育制度文化中，有些内容因为不能适应时代的发展而逐渐被舍弃了，但是更多重要的、有价值的内容会一直被传承下去，它可能代表着该项运动的精髓，或者代表着该项运动的象征意义，则会被保留和连续传承下去。

（4）内化性

还有一些体育制度文化已经深深植入人们的意识，无需外界约束大家也会自动自觉地执行。这是长期文化传承的结果，也在侧面说明了该项运动具有相对悠久的文化和广泛的影响力。

3. 体育精神文化的特性

（1）沟通性

体育竞技场本身就是一个沟通介质，它汇集了来自四面八方的运动爱好者、运动员、裁判员以及各个体育协会、体育组织等的相关从业人员，进行跨地域、跨民族、跨国家的体育竞赛本身就是一种强力的交流和沟通。另外，体育自身在保存和传承的过程中，也需要多方面的沟通协作，形成精神对话的可能。

（2）内视性

无论是对体育审美情趣的感性感知、还是价值观念的理性认知，都构成了体育精神文化的内视领域，是体育精神文化的内容实体，也是传承体育精神文化的必要途径。

（3）积累性

体育精神文化比体育物质文化具有更强的积累能力和凝聚能力。它和体育物质文化相比较的优势在于，体育精神文化可以超越空间和时间维度，具有更强的累积性，甚至时间越长越能体现出它的优势。

小结：体育文化具有动态性、可变性和开放性。这意味着体育文化在与外界的交流过程中，其自身具有不断优化和递进的性质，因此，可以更加适应时代的发展节奏，为培养后备体育人才形成有利条件。同时，体育文化的结构是由物质层面、制度层面和精神层面的有机构成，是由生动的人或者共同体组成，并不是机械地、生硬地组合。在进行建设的过程中应该充分全面的把握体育文化的特性，才能切实地做到优化竞技后备人才的体育文化环境。

二、体育文化环境的现状

在对体育文化进行了准确详细的理解之后，可以从物质文化、制度文化以及精神文化三个方面对我国当前的体育文化环境有了较清晰的认识和判断。随着国力强盛，经济文明的蓬勃发展，我国的体育文化环境建设取得了极大的成就，尤其近些年来发展十分迅猛。例如，我国曾先后成功申办并举行了亚运会、奥运会等国际重要体育赛事彰显大国实力；我国的运动健将们在奥运会、亚运会等国际赛事上不断取得突破，是我国作为世界体育强国的重要标志之一；中国的武术文化在国际舞台上独领风骚，体现出中国古老文明的体育精神和民族风采；我国优秀的竞技运动员参加国际体育俱乐部，这是中国体育实力的象征，也是中国体育文化进入现代化发展的体现。

但是，其中依然存在着诸多不足。特别是随着经济生活的日益富足，人们对体育运动的需求以及需求的层次也普遍增长，越来越朝着专业化、科技化感、高标准化的趋势发展。这就对体育文化环境提出了更高的要求。

在培养竞技体育后备人才方面，高校的体育文化环境也呈现出滞后效应，在物质文化、制度文化和精神文化方面都存在着不同程度的建设迟缓，跟不上人们需求增长的步伐。高校在建设体育文化环境方面主要存在以下问题：人文知识与人文精神的教学力度不足，体育文化毫无特色，与新时代的发展气象略显脱节。教育体系对体育的重视程度仍然有待提高，应该坚持倡导体育与文化、科学、艺术等学科具有同等重要的位置。目前，有很多人对体育教育的认识还抱有体育是文化课的辅助科目等等这些过时的观念；缺少人文景观以及对应的文化场所，场馆和体育设施的建设不能满足实际需求，欠缺具有体育文明地标性质的建筑或者场馆，中国历史悠久，幅员辽阔，但各个地区的体育运动大体上趋于同质化，少有地方特色的标志性运动项目。各种体育项目的物质文化建设还不够均衡和全面，不能满足全面发展竞技体育人才的目标，基础设施支持不足；管理与制度不够规范和完善，还不能够做到与时俱进，有流于形式化和表面化的痕迹等。要想全面提高我国竞技体育的整体水平与质量，培养大批的优秀的竞技体育人才，对外进一步增强国际影响力，对内深度提高国民的体育精神和健康水平，都需要对体育文化环境持续做好优化和建设工作。

三、体育文化环境的优化

（一）优化体育物质文化环境

体育物质文化包括各种体育器材、体育用品、体育场地，以及具有一定思想价值的物质文化成果。例如含有高科技技术且酷炫新颖的运动服饰，气势恢宏的体育馆，工艺精美的运动器材，介绍体育运动知识与技术的书籍、视频等，都是体育物质文化的具体表现形态。而且，体育物质文化相比其他物质文化具有更强的象征性，比如足球场、篮球场、高尔夫球场，游泳镜、运动手表等，是体育用具或体育设施非常耀眼的组成部分。随着人们的需求不断提升，体育物质文化的建设与优化必然会显示出强劲的创造力和活力。

物质文化是文化环境得以构建的基础，体育物质文化的优化与建设也不例外，它是青年竞技体育人才得以参与体育锻炼所不可或缺的物质前提。不管是校内开展课内体育文化运动，还是课外由学生自发组织的多样化体育活动，或者参加社会兴趣团体，首先充分的物质条件是保障。因此，关注竞技后备人才的体育文化物质设施建设是关键的第一步。比如，力争创建高规格的体育场馆、更换体育设施、增添新型体育器具。与此同时，对现有场地、设施以及体育用品等进行科学合理的使用和加强现代化管理手段同等重要。

随着体育场馆和设施的不断升级，先进的配套管理也是进行体育物质文化优化的一个重要方面。比如对设备的正确使用、定期维护和保养、专业人员的监护管理等等，是真正实现优化体育物质文化的保障。

体育物质文化环境的优化需要全社会共同努力。

除了国家的战略指导和大力扶持之外，还需要学校、企业等各个社会组织的积极响应和倾力投入，加强政府与企业、高校之间的紧密互动与协作，全面而有力地对体育物质文化环境进行优化建设。比如，有不少企业对投入资金物力为发展我国的足球、游泳、高尔夫等等体育运动建场馆、搞科研，这些都是对体育物质文化环境的建设。物质文化有受到时间和空间约束的特性，因此，为了保证物质文化能够跟上时代飞快的脚步，应该大力做好场馆设施的更新迭代，同时配套现代化的管理手段，让物质文化建设落在实处，并且对其进行长期的科学管理和维护。

例如,将高等教育普及化成为时代与社会发展的必然趋势，而随着高校招生的数量不断增多，校园内的体育设施愈发显得短缺和紧张，并且，设施的落后问题也是在培养体育后备人才过程中存在的现实问题。对此，高校需要加大对体育物质文化的建设力度,重视体育物质文化的对培养人才的必要性，确保青年体育学生能够有一个理想的体育学习和锻炼的环境，从根本上对环境进行优化改良变得非常迫切。

（二）优化体育制度文化环境

体育制度文化是整个人类通过体育运动不断完善自身活动方式和制度的产物，是体育运动中各种组织结构和规章制度的总称。是人类长期进行体育活动慢慢形成的一种动态又稳定的文化成果。体育制度文化包含了体育制度、体育社会组织、政治、法律、风俗习惯、伦理道德、民族，等等诸多方面。体育制度文化相当于体育文化系统中的中介位置。例如，世界竞技体育的管理制度，基本上分为三类，干预型、管理型和综合管理型。目前世界大多数国家基本上都向着综合管理型过渡，即政府和社会共同管理。

国家竞技体育模式和制度需要具备一定的创新力和延续性，它既决定着国家奥运金牌的排名，也决定着职业体育的生存。中国在20世纪80年代开始采用“优先崛起”的战略,并且在国际赛事上抓住机遇迎头赶上,并取得了2008年北京奥运会的辉煌成就。而这些无不与建设中国特色的体育体制有关。中国竞技体育“举国体制”的创新,为中国竞技体育冲出亚洲、走向世界在体制上奠定了坚实的基础。同时，以发展的眼光看未来，我国体育制度应在运动员培养体系、运动竞赛体系、运动员保障制度、鼓励社会办体育等方面有所创新，不断推进职业化和社会化进程，适应市场经济发展的特性。

同时，要大力培养一批年轻有为、思想过硬、业务精良的体育骨干，与国际体育良好的沟通协作外，大力发展我国体育制度文化的建设。同时，在国际竞技体育里融入中国的理念，奉献中国的智慧，体现大国的责任和担当。另外，增强中国文化制度化的能力，因为缺少制度化支撑的影响力很难走得长远。十年树木百年树人，人才培养是长期工程，只有加强和优化人才培养的制度体系，我国的竞技体育人才才会层出不穷。

（三）优化体育精神文化环境

体育精神文化是由精神因素占主导的体育文化，体育活动中包含的科学、道德、心理审美等思想意识形态都属于体育精神文化范畴。竞技体育的文化价值主要就体现在主体精神、竞争意识、民主观念、科学态度等人类最基本、最朴素的价值观，例如倡导公平竞争、互相理解、友谊团结的奥运精神；提倡拼搏、进取、团结奋进的亚运精神都是体育精神文化的精髓所在。另外，体育精神文化离不开国家发展的时代背景，目前我国已成为世界体育大国，正朝着世界体育强国的行列迈进。因此，对体育精神文化的发展和优化要在这一宏大的背景下进行，作为一个世界强国不能没有奥运金牌，但也不能只有唯金牌论，金牌毕竟不是反应国家经济实力和文明状况的全部。因此，我国的体育精神文化环境要建设要以客观、理性、包容、团结为依据，树立大国心态，既要具有进取性心态，也要有包容性心态；既要为自己国家的体育健儿站在奥运领奖台上骄傲，也要为其他国家取得过人的成绩而喝彩。在竞技场上，要以超越国家范畴的心态来享受竞技带来的无穷魅力。

在高校的体育文化建设中，应当大力宣传科学的体育观念，积极倡导健康的体育精神，比如团结、拼搏、进取、笃学等积极乐观的精神。另外，高洁的情操与品格也是体育教育的重要方面，例如，宣传运动员在国际赛事中一方面勇于挑战、具有舍我其谁的雄心斗志，另一方面又能充分尊重体育精神，即使面对失败也有为获胜者高兴的胸怀和王者风范。高校应指引和培养青年竞技后备人才不断地完善自身的价值观、人生观和世界观。让青年学生感受到拥有强健的体魄是人生的第一财富，使他们充分意识到体育在身体、社会与家庭中具有的作用。最终借助课堂教学以及有趣的课外体育活动,激发体育兴趣,从而了解、参与并且享受体育运动。

第二节　加强竞技体育后备人才文化素质教育

一、竞技体育后备人才文化素质教育的重要性

随着我国综合国力的强盛，对后备体育人才的教育和要求都有了更高的标准和要求。竞技体育后备人才仅仅是发展身体机能和运动技能已经不能达到竞技体育发展的要求，更重要的是运动员的智慧、思想道德、文化素质与专业素质需要同时发展和进步。

如前所述，竞技体育是国家软实力和社会文明程度的体现，作为新时代的竞技体育后备人才，除了追求顶尖的运动水平以外，文化素质水平同样不能懈怠。对于优秀的运动员来说，接受文化教育、提高知识素养是能够长远发展的基础，这不仅仅关系到个人的体育运动生涯能走多高多远，还关系到我国竞技体育的可持续发展的目标。因此，对竞技体育后备人才的文化素质教育，无论对提高竞技水平和个人成长，还是对社会和国家的发展，都是非常必要和重要的。

（一）提高运动员的竞技成绩

一个运动员的竞技水平，除了取决于其身体条件和运动天赋以外，还和其智力以及理解能力相关。实践证明，运动员的文化水平越高，其“运动知觉”和“运动思维”的能力越强，即接受抽象语言的能力、对运动原理、能量代谢原理等会理解得更透彻。文化素质水平高的运动员，其情绪管理能力、排除负面干扰的能力也较强，由此可见，文化素质的高低与提高运动技能和比赛成绩都具有正向的关系。比较明显的例子是，国外许多优秀运动员是在籍大学生，由于文化水平较高，在训练和比赛中表现出非凡的领会能力、创新能力。相反，如果运动员文化素质低，对训练竞赛成绩的提高会带来很多限制或阻碍。

体育运动包含或涉及运动科学、人体科学、心理学等诸多学科的诸多分支，体育运动本身其实也是一门很复杂的科学，从技战术的提高、训练强度、超量恢复到运动动机等等都需要各种知识才能更好地促进提高运动技能和比赛表现水平。现代竞技体育运动对运动员的文化知识、专业知识都有了新的要求，例如运动员需要掌握一定的运动训练学、运动生理学、运动解剖学、运动生物化学、运动心理学等相关知识，因为在运动员的日常运动中无时不在运用这些知识进行训练或比赛。文化素质是直接影响运动员的技能水平、运动成绩甚至运动生涯的长度。

现代竞技运动越来越多地应用最新的科学领域的先进知识和技术。运动员只有具备了较高的文化水平，才能真正自如地运用运动训练的一般规律和特殊规律，才能用先进的科学文化知识和方法指导训练，才能最大限度地发挥运动潜能，不断突破运动成绩。

（二）促进竞技体育的持续发展

文化素质是一个人的底蕴，它对个人成长的各个方面都具有决定性的影响。对于运动员而言，文化素质的提高不仅仅对促进运动技能和比赛成绩的提高有直接帮助，而且，对其思想觉悟、组织纪律、道德情操和行为习惯的养成等都有不同程度的提高。也就是说，文化素质可以提高一个运动员的综合素质和水平。对于竞技体育后备人才来说，他们正处于价值观、世界观养成的阶段，因此这个时候加强文化素质的教育就显得格外重要。这不仅仅对体育人才的培养意义重大，而且对我国整体竞技体育的持续发展也具有深远的意义。任何领域的持续发展都需要强大的综合实力的支撑，只有整体提高竞技体育人才队伍的文化素质，与社会发展步调相协调，我国的竞技体育才可以得到长足的发展。因为，竞技体育的发展是社会进步发展的组成部分，它与政治、经济、科技、文化、教育等等各个因素相互影响和作用。竞技体育后备人才代表着我国未来竞技体育的发展方向和水平，而文化素质教育是这一切的基础，如果仅仅强调体育专业水平，而忽略文化教育，那么将很难适应和胜任我国竞技体育持续发展的目标。

（三）帮助运动员顺利融入社会

由于竞技体育训练需要大量的时间投入，加上以前对文化素质教育的认识不足，很多运动员在退役后都面临着就业压力。因为文化知识水平较低，技能单一，进入社会后不能适应市场经济对人才的需要。这既对构建和谐社会不利，也给未来后备人才的培养带来诸多阻力，打消人们对职业体育发展的积极性，对体育行业的长久发展带来不利影响。

任何人的一生都不可能只有一个角色，职业也可能是运动员、教练、裁判员等等，但是在家庭中可以是儿子、女儿、父亲、母亲，在社会属性上又可以是少年，青年，中年和老年人，无论是在职场、家庭还是社会生活中，运动员也会面临着充当各种不同的角色。然而，如果早年只强调对一种能力的培养，而荒废了其他方面的常常成长与培训，那么在日后进入社会时，必然会面临各种各样的困难。没有一定的文化素质，则很难适应未来的科技型社会；没有一定的文化素质，则很难保证更好地教育后代；没有一定的文化素质，将很难参与飞速进步的社会建设。因此，亟待解决对竞技体育后备人才的文化素质教育问题。就像国际奥委会主席雅克·罗格所说：“我们要为运动员们结束运动生涯时顺利走向社会创造条件。”这就是人性化的竞技体育理念。

二、竞技体育后备人才文化素质的现状及影响

（一）文化基础普遍较差

由于许多竞技运动员从小就接受竞技体育的三级化管理，严重影响了接受正规基础教育的机会，长期的训练让他们的成长过程相对脱离社会，缺乏对社会发展和社会生活的基本认知。同时，主观上，他们专注与训练，希望靠体育成绩实现个人成就，因此疏于对文化知识的学习和提高，这些都是运动员文化基础差的主要原因。受文化素质较低的影响，有一些运动员甚至养成了不良性格和习惯，对于其将来的发展是不利的。

随着我国近年的高速发展，无论是经济、科技、军事、教育、人文等方面都取得了显著成绩，已经跻身于与世界强国之首列。作为竞技体育后备人才，也势必要跟上国家发展的趋势，跟上社会进步的节奏，这一切都离不开文化素质教育这一基础前提。随着时代的进步和社会文明的发展，竞技体育运动员不能仅仅止步于掌握高超的运动技能、获得优异的运动成绩，还要与时俱进全面发展。

（二）限制运动员的整体实力发展

体育竞赛是运动员多种实力共同参与作用的结果。特别是顶级水平的比赛，参赛选手的运动水平常常难分伯仲，都是领域内目前最高水平的代表，有时候胜负之差就在于战术的合理运用和良好的心理素质使然。良好的心理素质可以让运动员在异常紧张的情形下依然保持稳定的心态，才能保证正常甚至超水平发挥；而战术的合理运用更加考验运动员的心态、经验、判断力以及决断力等综合能力的水平，这一切都需要极为优秀的文化素质为基础。而且，良好的文化素质，不仅能让运动员的运动潜能得到更大的提高，还能培养运动员具备良好的竞争精神和合作意识，更好地体现出现代运动精神，倡导团结、协作、进取、和平的崇高体育精神。现代竞技体育发展得高度成熟，运动员的最终运动表现不仅需要运动员有极高的技术水平，还需要具备

优秀的文化素质和智力水平，否则，运动员很难走得更高更远。因为，哪怕只是一个单向技能的提高，除了靠运动员自身运动天赋之外，还需要各学科知识的帮助，在准确理解和运用运动科学、人体生理科学、运动心理学等的相关原理的前提下，进行科学训练才会真正地提高。而文化水平较低的运动员，仅仅提高运动技能这一步就会受到约束和阻碍。因为这将取决于他们的运动感知能力、运动思维能力、理解力、情绪管理能力等，至于更高要求的战术运用和配合、临场应变能力、心理调节能力等，都需要具备一定的文化素质才可以做到。总而言之，文化素质低的运动员在提高整体实力方面会有更多的困难和阻碍。

（三）退役后就业困难

目前，我国的竞技运动员基数较大，绝大多数运动员退役后都将面临就业问题，然而由于多数竞技运动员并没有接受过系统的文化教育，常年专注于体育专业的训练，希望在竞技体育上获得一定的成就，但是，即使体育成绩优异，对于大多数运动员而言，仍不能保证未来有良好的发展，甚至一退役即面临着就业的巨大压力。除了少数人能由运动员转为教练员之外，还有一部分创业经商，但是对于大多数运动员而言，由于普遍文化水平较低，短时间内无法达到职场的要求，单凭体育专长很难在社会立足。曾出现退役的世界冠军在澡堂搓澡、做清洁工的情况，昔日的世界冠军退役后却面临如此尴尬境地，与其文化基础薄弱有一定关系。因此，退役竞技运动员的就业问题，不是个别问题，在一定程度上属于体育制度的问题，也增加了社会的压力。

（四）影响我国竞技体育的持续发展

虽然近年来我国在竞技体育后备人才的培养方面重视文化素质的提高，运动员的文化修养在整体表现上有了相应的进步，在朝着好的方向发展，但是还远远不能满足社会发展的需求，不能满足我国竞技体育持续发展的目标。人们对竞技运动员“文化素质欠缺”的看法依然普遍存在。最明显的现象，就是家长对让孩子进入竞技体育行业保持谨慎甚至是拒绝的态度，甚至大多数的运动员本身也不愿意让自己的孩子继续从事竞技体育或者成为职业运动员。因为系统性的、长期的训练占据了文化课学习时间，导致文化课学习难以得到保障，未来职业规划在高淘汰率的、残酷的竞技体育面前显得尤为重要。由于从事竞技体育只能选择相对单一的就业范围和攻读普通院校相对宽泛的多种职业选择之间的天然差别，导致竞技体育后备人才培养的选材出现“无米之炊”的现象。这种情况对于我国竞技体育事业的长远发展是十分不利的。

三、竞技体育后备人才文化素质教育的改进

（一）健全竞技体育后备人才文化素质教育保障制度

要改进我国竞技体育后备人才的文化素质教育，首先就要对相应的教育制度进行改进和完善。只有从制度上先做到健全和完善，才可能全面改观目前我国在竞技后备人才培养方面的现状，从根本上改变我国运动员文化素质低下的整体面貌。健全制度，加强监管，建议有关部门严格跟进体育相关政策制度的制定和完善，落实实施与监管部门的工作职责，加快提高我国体育后备人才的文化素质教育的进程，从政策制度上提供有力的保障。

需要相关的上层建筑以及决策层尽快促进制度完善，我国竞技体育发展才会真正走上正轨。颁布一系列法律政策，并顺应现代发展的趋势，强调运动员个人的全面发展，为运动员提供长效的文化素质教育和退役保障机制。这样才能鼓励更多的优秀的竞技体育后备人才积极投身到竞技体育事业中来，只有在制度上有完善的保障，有社会的强力支持，有可行的文化素质长效教育系统，我国的竞技体育后备人才才不会有后顾之忧，才能够真正让自己的体育天赋得到发挥，为祖国的竞技体育发展做出贡献。

（二）深化落实体教结合政策

国家出台的“体教结合”政策，是改进体育后备人才的文化素质教育的强有力举措。“体教结合”包括三个层次：体育行政部门和教育行政部门的机制结合；体育学校与普通学校的结合；运动员运动训练与文化课学习的结合。它从政策层面为体育部门和教育部门的配合做出指导和规划。避免了两部门长期各行其是，因为相互之间天然存在着分工缝隙而妨碍对竞技体育后备人才文化素质培养工作的实际操作，避免了在实施方面可能会遇到的困惑。两部门做好分工配合，以落实国家政策为原则，明确各自工作职责，并且努力给对方以有力的支持。同时，加大运动员文化素质教育的各种资源投入，包括资金投入和高质量的师资，为“体教融合”政策的实施奠定扎实的基础。另外，也要严格把关各高校对体育特长生和高水平运动员设置的培养计划，坚决杜绝“挂名现象”与“小考场制度”。认真落实“体教融合”政策，需要所有参与的运动员、教练、教师以及高校机构的共同努力，我国的竞技体育持续发展是长期目标，对竞技体育后备人才的文化素质教育也非一日之功。因此，需要长期地、不间断地、严格地、积极主动地深化和落实工作。随着“体教融合”政策的逐步落实，实施环节的逐步成熟，我国的竞技体育后备人才的文化水平也将得到逐步地提高，竞技体育的发展也会慢慢显现更高的水平，这样的良性循环会反过来对运动员和教练、高校都产生更积极的促进作用。

（三）提高训练效率

随着竞技体育不断地发展，以及科技、医学、心理学各学科对竞技体育在各个方面的研究，体育训练从方式方法到技术手段都与以往大不相同。从最早单纯追求“量”转变为现在更注重“质”，在效率上得到极大的提高。因此，也从另一个方向缓解了“学训矛盾”。但是必须承认，和以往相比虽然有了大幅提高，但是仍然还有很大的提升空间。这就需要加强对教练队伍的培训，从提高科研水平到改进训练方法，需要努力推进更加科学、高效、高质量的训练方法，合理安排训练时间，提高训练效率，从“练得多”转变为“练得精”的训练理念。从而为运动员提供更多的时间和更充沛的精力用于提高文化素质。而且，通过科学安排，可以从原来的“学训矛盾”改为“学训互补”，让学习和训练成为相互补充的理想状态。因此，提高训练效率是改进“学训矛盾”的根本，只有让训练更高效，才能让运动员从时间上和精力上得到一定的“解放”，才能使文化素质学习真正成为可能。

第三节　构建竞技体育后备人才文化教育体系

一、构建竞技体育后备人才文化教育体系的原则

（一）前瞻性原则

教育必须具有前瞻性和超前性，必须着眼于未来。波兰教育哲学家苏科多斯基曾指出：“着眼于未来的教育表达了这样一种信念：目前的现实不是唯一的现实，因而不能构成教育的唯一需求。着眼于未来的教育精神超越了目前的范围，以共创明天的现实为目标。”要构建竞技体育后备人才的文化教育体系，必须从意识上改变急功近利的习惯。教育是长期工作，它本身就体现着超越现实的、非功利性的价值追求。从而能够促使人们从“从长计议”，将未来长远目标作为指导原则，调整心态，将竞技体育后备人才的文化教育作为长长久久、实实在在的事情去做。并且，将文化素质教育置于竞技体育战略优先发展的地位上。

（二）科学发展原则

科学发展原则是尊重科学理论，它的核心是以人为本。“以人为本”也

就是发展的主体是人、发展的动力来自于人、发展的尺度也以人为基准、发展的目的还是服务于人。这里面包含着丰富的人文关怀，体现了时代精神。科学发展原则大至国家规划、小至个人发展，都应将人之发展置于核心位置。对于竞技体育后备人才来说，全面发展就是要全面促进竞技后备人才群体的思想、教育、竞技水平等各项素质和能力的全面养成与提高；协调发展是指统一思想、教育、竞技水平等方面的发展步调；可持续发展则是指要满足竞技体育人才在现役、退役，甚至于其后代等各个阶段发展的连续性。只有通过文化素质教育，运动员群体才能够超越人际、代际的界限；只有通过学习文化知识，我国的竞技体育人才群体才能在提高竞技水平和解决退役出路等方面得到更多的选择。

（三）循序渐进原则

循序渐渐原则本身就内含了长久发展的向，以长远发展为目标。众所周知，教育改革不能疾风骤雨，必须循序渐进。在竞技体育的文化素质教育改革中，运动员群体文化教育依赖着体制环境。总体来说，把所有运动员都送进大学课堂是不现实的，优先保证义务教育才是可行之路。在义务教育的基础上再进行因人而异的职业培训或继续教育,才是切实可行的办法。只有这样，才能使运动员群体在退役后能有一技之长，融入社会市场的竞争。

最后，随着体育与教育的不断融合与延伸，使竞技运动逐步回归学校教育。而我国学校体育在这个方面的发展并不均衡，那么就需要给予学校训练一定的支持，提高学校体育训练的积极性和效率，使其分担一部分竞技体育后备人才培养的义务。因此，持循序渐进原则，通过政策倾斜进行逐步的过渡，并探索适应我国国情的竞技体育后备人才的文化素质教育体系。

二、构建竞技体育后备人才文化素质教育体系的战略布局

如前所述，对竞技后备人才的文化素质教育是竞技体育良性发展的根

本，因此必须从战略高度出发，改革现行的竞技后备人才文化教育体系。它需要以下几个步骤。

（一）近期目标：加强义务教育

义务教育是个人为了适应社会生存必须接受的基础教育，具有强制性和普及性的特点。联合国教科文组织曾对义务教育做过广泛而深入的讨论，认为“义务教育是向每个人提供并为一切人所共有的最低限度的知识、观点、社会准则和经验”的教育，其目的是使每一个人都能够适应社会生活、发挥潜力、创造性和批判精神，得以实现自己的人生价值，也成为一个有价值的公民,对社会发展贡献力量，最终获得幸福。

《中华人民共和国教育法》明确规定：凡具有中华人民共和国国籍的适龄儿童、少年，不分性别、民族、种族、家庭财产状况、宗教信仰等，依法享有平等接受义务教育的权利，并履行接受义务教育的义务。显然，义务教育是“生活的通行证”，如果一个人不能接受义务教育,会出现在各方面都准备不足的情况，甚至完全缺乏准备。可以说，他们几乎处于人类智慧与文化积累的系统之外，这对谋生会造成极大的不利境况；没有经过义务教育的培训，会使他们因没有文化而基本处于一种蒙昧状态，他们的个人行为规范也低于规范要求。言行举止，都难免会带有愚昧、粗陋等陋习。

而我国竞技体育后备人才的基础教育系统，由于种种原因，还是难以严格达到九年义务教育的基本标准，这是亟待解决的问题。竞技体育是专业人才，需要经过严格高强度的长期训练，这是我国运动员群体长期表现出来的文化素质低下的主要原因。但是，随着国家的发展，以及“体教融合”政策的出台，必然将着力改善竞技体育后备人才的文化素质教育状态，特别是要从义务教育做起。作为竞技体育人才，除了做好日常的运动训练外，还少不了必要的义务教育，因为没有义务教育的基础，他们在接受更高层次的培训或发展的时候，也会遇到瓶颈。因此,应该逐步推进和加强对竞技体育后备人才的义务教育，并制定一定的措施来进行监督落实。具体措施如下：

1. 就近纳入优质中小学校

竞技体育后备人才应该从小学开始就把文化素质教育作为重点要考虑

的问题。比如，可以就近纳入优质小学或者中学，得到较好的义务教育资源。因为竞技体育需要花费大量的时间用于训练，在这种情况下提高对他们的文化素质教育的质量和效率就显得特别重要。而优质的中小学教育系统也应该逐步完善对竞技体育特长生的教育方式方法，以期达到无缝衔接，给竞技体育人才以同样有效的教育培训，真正体现出优质教育资源过人之处。

2. 教练的文化教育负责制

对于竞技体育人才来说，对他们最具影响力的是教练员和领队。那么就应该让教练员和领队发挥出他们的优势条件，他们要作为督导竞技体育后备人才学习文化知识的第一人，并且把它纳入教练和领队的工作成绩的评价指标中来例如，建立运动员的竞赛成绩和文化成绩的综合评价体系，也就是说，文化学习成绩和运动成绩并重，它们共同作为评价一名运动员是否优秀的评价指标，也和教练员、领队的切身利益建立关系。这样，从教练到运动员都把文化学习重视起来，真正做到从根本抓起，从机制上给予保障。

3. 及时补充文化课知识

因为比赛和集训的客观原因，竞技后备人才常常会有缺课旷课的情况发生。那么，无论是学校还是教练应该达成灵活安排的共识。比如在集训期或者比赛期间，要保障运动员有足够的时间和精力准备比赛，这时候可适当放松文化学习的要求。但是比赛后，在运动员的恢复调整期间，应该及时安排优秀的教师为运动员补课和辅导。在机制上和工作流程上要保证补课顺利及时、保质保量。比如，学校要安排专职人员负责运动员文化学习的相关事务，他们应该同时熟悉训练和比赛的时间、特点、周期，也了解运动员的运动成绩和学校成绩，身体状况等等。并根据情况提前安排好教师联系、补课时间和进度、答疑时间等等。

如果能有效地执行如上这些建议举措，会从最基础的层面缓解和改善竞技体育后备人才的文化教育现状，并对构建运动员的教育体系起到切实可行的帮助，从体制上保障了竞技体育人才的文化素质学习，为我国源源不断地输送符合新时代要求和标准的优秀的竞技人才。

（二）中期目标：谋求竞技体育之外的职业发展

在满足了义务教育之后，竞技人才具备了基本的文化素质，对他们的运动生涯会有整体的提高，对个人修养和生活的各个方面都会产生积极的影响。确实在整体上提高了我国竞技体育人才的文化素质修养。但是对于绝大部分运动员而言，退役之后他们还要面对进入社会、参加社会建设和竞争这样的严肃挑战，而只有义务教育显然是不够的。动生涯终止，除了体育特长之外，没有其他的职业技能。只有高水平的运动员退役后可以从事教练员的岗位，实际上能在体育领域就业的运动员屈指可数。其他与体育相关的职业比如体育教师、体育俱乐部教练等，也是运动员退役后的首选，但这些岗位对学历都有较高要求。以及，还有庞大的体育院校和师范类体育毕业生，可以说给运动员留下的机会少之又少。面对这一情况，可以拓宽思路，在义务教育之后，建议竞技后备人才就要开始考虑自己的职业方向，并为此做出努力。除体制内的体育专业外，学习其他专业技能和知识，这首先需要在制度上为运动员做好准备。例如加强与教育部门的协商力度，降低人学门槛，为竞技体育后备人才创造更多的体育外专业的就读机会,解决运动员群体的职业转换问题。为此，可采取以下措施：

1. 加强与非体育高等院校的沟通

这需要大量的非体育高等院校的大力支持和配合，对成绩优异的运动员后备人才敞开大门，让他们接受体育外的专业教育，尤其是综合性大学的跨专业比较多，如法学、管理学、社会学、经济学、商务管理、环境工程等等，当然这还需要结合运动员自己的爱好和意愿。这点是参考了国外竞技体育运动员的培养机制。

2. 开展体制外多种形式职业培训

对于运动成绩一般、不能进入高等院校学习的竞技后备人才，可以体制外的职业教育机构进行学习，进行学历或非学历教育,如计算机、市场营销、销售、物流信息、汽车驾驶等服务业领域。

（三）长期目标：让竞技体育回归学校

长期来看，让竞技体育后备人才在全面发展的教育环境中成长，是中国竞技体育持续发展迟早要解决的问题。建议将竞技体育后备人才的文化教育体系逐步融入普通教育序列，打破行业办学的壁垒，所有的教育机构都是面向社会，以培养综合型人才为目标。随着优质素质教育和竞技体育后备人才文化教育体系的调整和构建，竞技体育后备人才的文化教育与同龄的非竞技类普通学生已经非常相近。希望在不远的未来，竞技体育后备人才在职业体育生涯阶段，可以全身心地专心发挥自己的体育天赋，为祖国争光；退役后，可以顺利进入社会根据自己的兴趣自由选择专业，继续为社会建设做贡献，实现自己的人生价值。

第五章　竞技体育后备人才培养的教学与训练环境创设

随着时代的进步，我国竞技体育后备人才的培养模式逐渐向多元化迈进，人们的思想发生了重大的转变，提出了“体教融合”的概念，开始追求运动员的全面发展，而不仅仅看重运动员的比赛成绩。因此，对教育系统提出了很大的期望，希望构建起更加完备的学校体育教学体系。在加强教育的同时，为竞技体育后备人才创设更加良好的训练环境，构建竞技运动训练体系。通过创设优质的教学与训练环境，保证竞技体育后备人才的数量与质量，实现竞技体育的可持续发展，完成建设体育强国的目标。

第一节　学校体育教学体系构建与改革

学校体育在改革与发展的过程中，应该始终围绕“终身体育”这一核心，树立“健康第一”的指导思想，构建良好的体育教学体系，让学生们充分发展自身个性，施展自身才干，具备终身参与体育锻炼的能力，具有自我创造力、自我发展力。

一、学校体育教学体系的结构与层次

学校体育教学体系作为一个有机的整体，通常包含学校体育教学的诸多因素、层次。各种要素之间相互作用，有机地结合在一起，形成了体育教学体系的独特特点与功能。学校体育教学体系的结构与层次是一个纵横交叉的立体结构，具有一定的稳定性、易变性。体系的结构与层次应该适应社会发展的需要，进行不断的变化与更新。我国目前正处于教育改革的热潮之中，原有体系处于混沌的状态，要想在21世纪构建出具有我国特色的新的学校体育教学体系，分析现阶段学校体育教学体系的结构与层次至关重要。

（一）学校体育教学体系的结构

结构指一个事物或系统内部要素间的排列组合方式，此种特定的方式反映了各要素之间的内在关系、相互作用。许多教育专家对学校体育教学体系的结构进行了深入研究，得出学校体育教学体系由学生、教师、教学环境和教学管理四大要素构成（图5–1）。

体系的结构中包含着复杂的关系，如学生之间、教师之间、师生之间、师生与教学管理、师生与教学环境等等。四大基本要素中又由若干个子因素构成。子因素的变化影响着基本要素的变化。例如，思想道德作为教师要素的一个子因素，会对教师产生影响。具体而言，良好的思想道德品质能够使老师热爱自己的本职工作，平等地对待学生、关爱学生。

深刻分析体系结构可以进一步加深对体育教学的理解。

（1）传统体育教学体系仅包括三大要素，分别是：教师、学生、教学管理。过分强调教师在体育教学体系中的主导地位，体现在教师的教学方法、手段、教师的课堂管控能力、教学活动的统一性等各个方面，忽视了学生的个体差异、个性发展。新世纪，体育教学体系中增加了环境这一要素，重视体系结构中四大要素之间的相互关系、相互作用，体育教学改革的关键在于如何调控、影响、协调包括多种因素在内的四大要素间的相互关系。

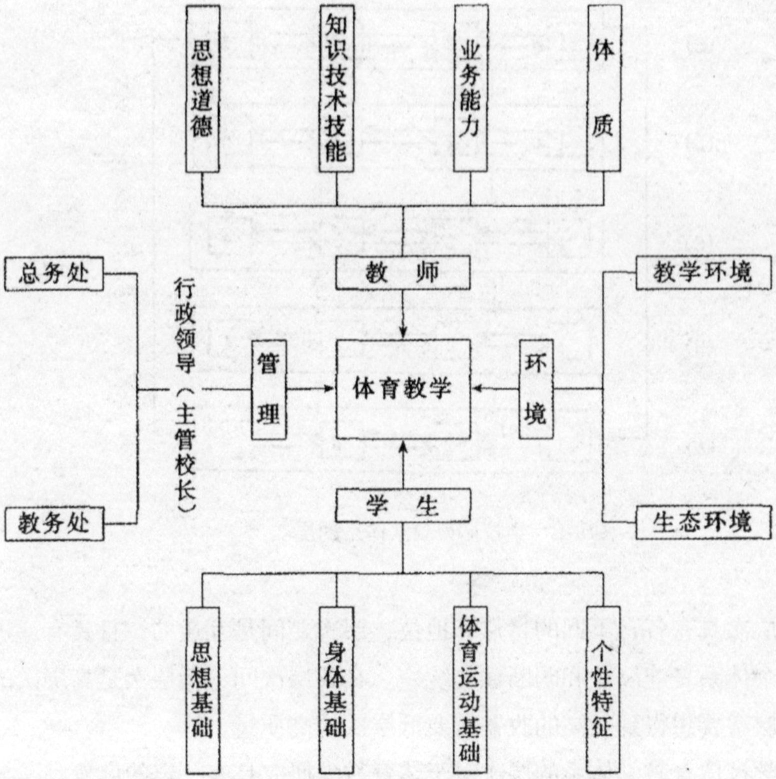

图5-1　学校体育教学体系的结构①

（2）学校体育教学不应该仅仅看重教师、学生、管理，还应该注重近年来频频产生的环境问题，改善师生的教学环境和生态环境。

（二）学校体育教学体系的层次

学校体育教学体系具有一定的层次，根据体系的具体特点，可将学校体育教学体系分为五大层次（图5-2），分别为幼儿体育教学（A）、小学体育教学（B）、初中体育教学（C）、高中体育教学（D）、大学体育教学（E）。

---

① 刘学钧.学校体育教学体系的结构与层次探析[J].浙江教育学院学报，2001（01）：133-135.

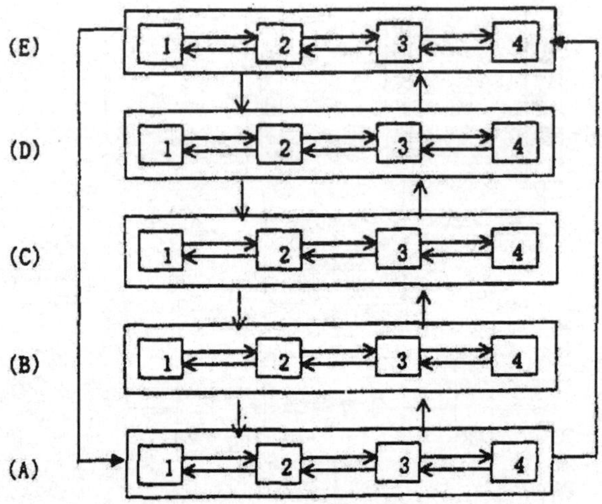

图5-2　学校体育教学体系的层次①

不同层次具有各自不同的特点和地位，层次之间是互通的，且具有递进关系，整个体系是连续性和间断性的统一。在各层次间，低层次是高层次的基础，高层次要想得到较高的收益需要低层次的高质量。

分析学校体育教学体系的层次对于体育教学研究具有一定的启发。

（1）从侧重于研究单一层次转向注重研究层次间的辩证关系，使各层次间的指导思想、教学目标、教学模式、教学内容等具有连贯性和统一性。

（2）目前，我国学者对幼儿体育教学的研究不够，反映出我国体育教学科研布局的不合理性，幼儿体育教学发展缓慢等一系列问题。我国需要加大对幼儿体育教学层面的关注。

（三）学校体育教学体系结构与层次的性质

学校体育教学体系的结构与层次具有不同于一般体系结构与层次的独特

① 刘学钧.学校体育教学体系的结构与层次探析[J].浙江教育学院学报，2001（01）：133-135.

性质，其性质主要表现在以下几点。

1. 整体性

学校体育教学体系只有作为一个整体的结构与层次才能发挥整体的功能，整个系统的整体功能肯定大于各部分功能的总和，因为整体功能还包括各部分相互连接所产生的新功能。若出现体系的整体功能小于各部分功能之和的情况，那么，整个系统产生了负效应。

2. 开放性

学校教育教学体系是一个开放式的体系，随着自然环境、社会环境的变化而不断发生改变，并与自然环境、社会环境之间进行物质、信息、能量等多种形式的交换。

3. 稳定性

学校体育教学体系具有的一个显著特征就是具备稳定性。稳定性是物质存在的重要条件，若体系日渐不稳定，结构与功能将越来越不能适应环境变化的需要，体系就必将走向崩溃，导致旧体系的瓦解，新体系的建立。一旦形成了新的体系结构与层次，稳定性就再次建立。

4. 复杂性

学校体育教学体系中存在着多重要素，各层次各要素之间的相互关系共同促进体系的正常运转，因此，具有一定的复杂性。

二、学校体育教学目标体系的建构

学校体育教学目标是体育教学的出发点与最终归宿，决定着教学活动的实际方向。通常指在确定的时间、空间范围内，师生作为一个整体需要努力达到的教学结果的标准、状态等。

在学校体育教学过程中，各层面目标的关系如图所示（图5–3）。

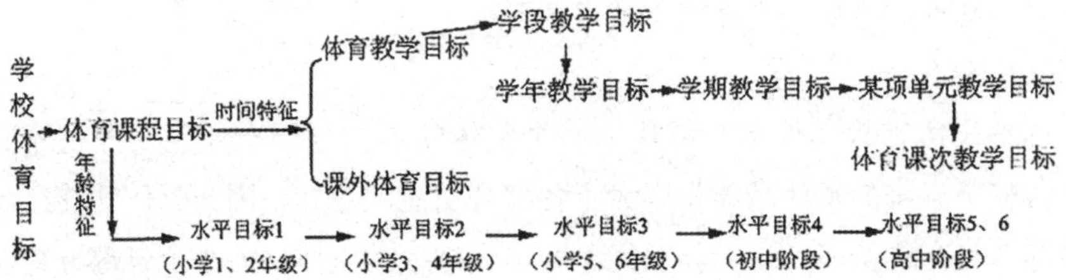

图5-3　学校体育各个层面目标关系①

教学目标体系主要包含了以下几个层面：学校体育目标；体育课程目标；体育教学目标、课外体育目标；学段教学目标、学年教学目标、学期教学目标、单元教学目标、体育课目标等。从系统的整体结构而言，下位目标包含在上位目标中,属于上位目标的一部分，各目标之间具有较强的相关性，通过实现一个个下级目标，最终实现学校体育的总体目标。

“目标体系”这一概念可从以下三个层面加深理解。

（1）内容层面：结合《体育与健康课程标准》，体育教学目标主要体现在运动参与目标、技能发展目标、身体健康目标、心理健康与社会适应目标四个方面。

（2）年龄层面：体育课程目标包括从小学到大学共6个水平的目标。

（3）结构层面：体育教学目标包括学段、水平、学年、学期、单元、课次体育教学目标等。

（一）学校体育目标与体育课程目标是体育教学目标的上位概念

在学校体育学科的建设过程中，学校体育目标是最重要的目标，为学校开展各项体育工作指明方向，标志着学校体育的最终归宿。学校体育目标在一定程度上体现着教学的哲学观，例如，素质教育、终身体育、健康第一等思想理念，这种概念性、观念性目标为具体的课程实施、教育评价等方面的内容提供了方向，但不属于具体、可操作的日常体育教学活动。教师需要具

① 李启迪.体育教学基本理论研究[M].北京：北京师范大学出版社，2014.

体化学校体育目标，使之成为真正可操作的体育课程目标，使之与具体课程的构成计划、教学实践、教学评价活动产生直接的关联。

体育课程包含体育学科教学和课外体育活动。体育教学是师生共同参与的双边教学活动，主要目的在于掌握基本的体育知识与实践技能。课外体育活动则更加关注学生的兴趣爱好，是一种学生自主、自治的集体教育活动。课外活动一般作为体育教学活动的补充与延伸。

（二）体育教学目标的主要内容

组成体育课程的最小单位是体育课，多节体育课共同构成了运动项目单元的教学，每个运动项目的难易程度决定了体育课的节数。

将不同运动项目内容按照学生的特点、体育学科的规律合理安排在一个学期中，就形成了学期体育教学计划；将学期计划按照学期、季节、运动项目特点合理安排在一个学年中，就形成了学年体育教学计划；将体育教学内容按照学生各年龄段的身心发展特点合理安排在各个学段中，就形成了学段体育教学计划；最终将各学段的教学计划归属于整个体育课程的大概念中。

在环环相扣的体育教学目标体系之中，体育教师最需要关注的是单元体育教学计划、课时计划，这两项内容与教师具体的教学工作密不可分。新课程标准强调“目标引领内容”，教学内容的安排体现出较大的自主性，教学内容的衔接性问题、搭配性问题，课程顺序的安排成为了体育教师亟待解决的新问题。

三、学校体育教学方法体系的建构

“教学方法的体系性”一直是体育教学领域中受到广泛关注的话题，建立教学方法体系有助于体育教师提高课堂教学效率。因此，追求教学方法的结构体系，了解体系中不同层次的基本特性、适用性等问题，受到研究人员的重视。根据目前的研究结果，学校体育教学方法体系中包含理念性教学方法、原理性教学方法、操作性教学方法（包括技巧性教学方法）三个层次，本小节内容将从这三个层次展开探讨（表5-1）。

表5-1 体育教学方法三个层面的对比①

层次	主要内容	对象问题	举例
理念性教学方法	属于教学方法观层面，针对“为何教学”的问题。	1.师生关系和地位 2.学习与教学内容的关系 3.教育教学价值取向	各种流派思潮的教育价值取向。
原理性教学方法	属于原理层面，针对“如何教学”的问题，提供教学指导策略。	1.师生与不同性质教学内容的相互关系 2.媒介问题 3.教学策略与方式的价值取向表现	各种流派思潮的教学策略与方法，如建构主义的“支架教学法”。
操作性教学方法（包括技巧性教学方法）	属于技术层面，针对“怎样教学”的问题，列举各学科采用的具体方法。	1.教学过程与学习过程的关系 2.教学内容与手段的时间结构 3.教学与人的关系	各种流派思潮的具体教学实践方式，如认知主义的“先行者组织”。

（一）体育理念性教学方法

在具体的教学实践过程中、教学方法的选择中，应该首先考虑教学的思想理念问题。教学理念具有本质性、概括性的特点，能够对方法的选择提供指导，换言之，教学方法是相应教学理念的脚注。理念性教学方法可被形象地比喻为教师选择、应用教学方法的“指南针”，教学方法的改革需要与教学理念的更新相结合，使教育改革不断深化。

1. 理念性教学方法的概念

理念性教学方法属于教学方法的上位概念，是教学方法的准绳，规范了教学方法的设计与教学实践的方式，体现着各种教育理念流派的教育价值取向。例如，行为主义的教学理念强调外在刺激以及刺激对个体的强化作用，

① 张振华.体育教学理论与方法[M].北京：北京师范大学出版社，2016.

提出通过奖励等外在刺激物控制和调动学生学习的积极性的主张。认知行为主义的教学理念强调学生内在的认知需要，提出通过增加教学认知的吸引力激发学生的学习动机的主张。建构主义的教学理念强调学习者自身的经验，教师根据学生的发展情况建构出“最近发展区”，把教的任务由老师传授逐步过渡到学生的自由探索这一新型的学习方式之中。人本主义的教学理念强调人有自我实现的内在需要，增强学生在教学活动中的主体地位，激发学生的自由感、自我价值感。

由上述例子可以得出，理念教学方法不单是一种教育观，更是人本观、社会观。教学是整个社会的一部分，受到社会历史发展的制约，与社会中各因素有着复杂的相关性。同时，教师可以通过审视自己的教学理念，反省自己长期以来的教学行为，自觉运用教育理论对日常的教学实践活动实行监控与调整，以实现由“工匠型教师”转变为“专家型教师”。

最后，需要强调的是，理念性教学方法不具备操作性，不能直接运用于各学科的教学实践活动之中，但是能够通过影响教师的思想观念，渗透到教师日常的教学中，能够帮助教师从多种角度，综合考量多种变量看待教育教学问题，提升自身的教学经验。

2. 理念性教学方法对体育教学的影响

源于具有中国特色的改革与建设发展，我国实施了对基础教育课程的改革，全面调整了课程目标、结构、内容、实施、评价与管理，改革的力度非常之大。教育改革要想取得成功，需要有先进的教育理念的指导，成功的价值观的支撑。教学观、学习观指引着教学行动，与体育课程有关联性的教育理论价值判断对体育教学产生了实际的影响。

（1）行为主义教育理念对体育教学的影响。作为20世纪教学理论的代表性学派，它的出现使学校课程的教学设计变得系统、高效。行为主义学习观认为学习的本质是行为的变化，只有具有可测量的外部变化才能说有了一定的学习效果。另外，可以对合乎需要的行为反应给予强化，加强练习和反复刺激，塑造学生行为，促进良好学习效果的保持。

体育实践活动表明，强化、反复练习是体育学习的重要条件，“刺激——反应”的原理与运动技能的学习密不可分，贯穿运动技能形成与发展的全过程，涉及泛化、分化、巩固、自动化四个阶段。学生掌握正确的技术动作需要适时的强化与不断的练习，巩固刺激与反应之间的联系，避免动作技能的消退。

（2）认知主义教育理念对体育教学的影响。作为一种国际性教育思潮，认知主义教育理念源于格式塔学派的顿悟学说，对人的认知能力、教学活动的规律性等问题进行了认真探讨。认知学习理论强调整体的学习观，强调创造情境引发的学习者的反应，但忽视了情绪、意志等因素对学习者学习过程的影响，其理念将学习看成信息的加工过程，强调知识认知的积累。

此教育理念揭示了学习过程中的某些机制，虽然有助于教学活动的开展，但是将体育学习限制在认知领域，不利于学生拓宽视野，抑制了学生的创造性发展。在体育学习中，学生的学习不仅体现在认知方面，还体现在动作技能、情感、态度方面。

（二）体育原理性教学方法

1. 原理性教学方法的概念

原理性教学方法上接理念性教学方法的指导，下接学校各课程的教学内容，是将教学思想应用于课程实施的指导性方法取向，通过比较分析各种教学方法应用的可能性，揭示方法本质的原理与相对性，弄清各种教学过程的职能。

2. 体育原理性教学方法的建构与运用

原理性教学方法属于教学策略的范畴，接下来，对建构主义原理性教学方法、多元智能原理性教学方法的构建与运用做简单阐述。

（1）体育建构主义原理性教学方法的建构与运用。建构主义理论在20世纪80年代兴起，其教育思想与各种主张已经渗透进我国的课程体系之中，指导着教师的教学活动。

建构主义理论认为学习是学生自己建构知识的过程，不是教师简单地将知识传授给学生的过程。学生需要理解与消化教师讲解的内容，因此，学生在学习活动之前，就已经具备一定的体育知识和思维模式，学习过程是学生根据自身已有的体育知识经验对教师传授内容所做的“解释”，是学生主动建构出的“创造性的理解”。体育学习活动就是通过这样的方式，使学习材料在学生的头脑之中获得特定的意义。建构主义教学理论对体育教学的影响在于明确教师在教育活动中的职责，不仅需要呈现知识，还需要了解学生的想法，对某些问题进行探讨。

（2）体育多元智能原理性教学方法的构建与运用。多元智能理论在我国受到普遍认可和广泛关注，目前，已有百余所中小学在校内实施了多元智能教育。此理论从差异性、生成性的角度思考教育教学，强调开发个体的学习潜能，对学生因材施教。在教学内容上，从以教材为中心的知识传授转变为与现实生活紧密联系的流动性教学内容。在教学方法上，从填鸭式教学转变为以提升能力为目标的开放式教学。在教师角色上，教师从为完成教学任务的知识传授者转变为“为学习而设计”的组织者、“个性学习”的设计者。教师需要充分考虑学生自身具备的知识经验，使新知识处于学生的“最近发展区”之内。

（三）体育操作性教学方法

1. 操作性教学方法的概念

操作性教学方法是各课程采取的具体教学方法的总和。一般而言，每种教学方法具有独特的特征，适合于特定的学科和固定的程序。学科具体教学法指落实在教学行为上的具体方法，此方法与具体的教学内容相结合，具有较为固定的教学程序。具体教学方法的选择需要与教学内容相契合，选择过程需要注意两个方面的内容。

（1）方法本身的合理性。每种教学方法都有优点与缺点，教师应该在教学中辩证地看待各种方法，产生最佳的教学效果。

（2）方法的使用是否合理。例如，在新课教授活动中不适用于采取分散练习法。

2. 体育操作性教学方法的建构与运用

（1）行为主义教学策略：“程序教学法”的运用。斯金纳提出的程序教学法是最经典、最具有代表性的行为主义教学策略。程序教学设计指在实际的教学过程中，将教学内容分解成若干小步骤，并按照一定的逻辑方式将其排列好。程序教学的指导过程需要教师进行每一个步骤的教学活动时，根据学生的实际回答指出学生反应的正误，并使学生有正确的自我认知（图5-4）。

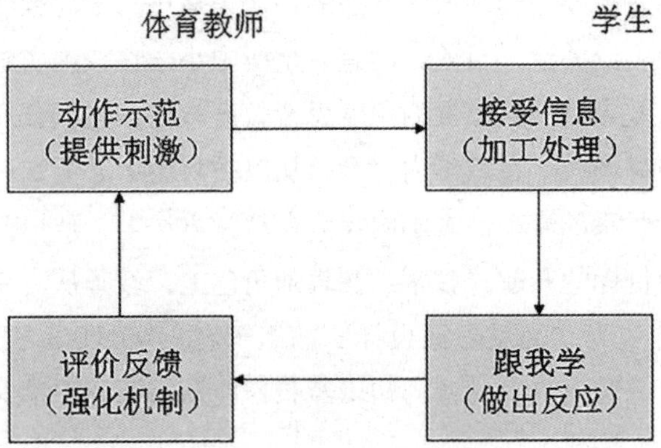

图5-4 程序教学指导过程

以快速跑动课程的讲授为例，体育教师应该让学生们先自行练习，后提出一些有启发性的问题（如为什么有的同学能跑得很快，有的同学却不能提高自己的跑步速度？），让同学们再次带着问题练习并作出总结，在一遍又一遍的练习过程中，不断改进与规范自身的跑步动作，提高跑步的速度，完成相应的学习目标。

（2）认知主义教学策略："先行组织者"教学方法的运用。先行组织者策略已成为我国新课标教学理念的重要支柱，"组织者"是一个比喻，指帮助学生在新旧知识之间建立起组织与联系的教学内容。在讲解新知识之前，先呈现组织者，就构成了"先行组织者"策略。仿佛在学生学习新知识之前，拥有了一张"认知地图"，帮助学生充分利用已学过的知识，增强对新知识的理解。例如，一位教师在开展篮球教学活动之前，先让学生们看篮球的录像，并在看录像的过程中不断向学生抛出问题，之后再将同学们带到运动场地进行演示，细致讲授每一个动作要领与注意事项。先行组织者策略能够有效降低学生在学习新知识时的短时记忆负担，帮助学生在较短的时间内掌握新知识点。

四、学校体育教学环境体系的建构

任何教育都需要在一定的时空条件下进行，环境是教育中十分重要的条件，教学过程只有与环境密切配合才能够创造出和谐的教学氛围，提高教学的质量，取得良好的教学效果。

环境包括教学环境与生态环境。教学环境是多种因素组合而成的综合环境，指与教学有关的、影响教学因素的总体。包括教学自然环境、教学物质环境、教学人文环境等，自然、物质环境属于硬环境，人文环境属于软环境。环境具有导向、凝聚的功能，特定的环境可以创造出特定的文化与行为。学校体育教学环境不仅影响着体育教学任务和教材内容的有效性，而且对学生体育活动的认知起着激发、维持、促进的作用。

校方应该力争将校园环境、班级环境、课堂环境紧密联系起来，实施整体优化，为体育教学活动的顺利开展提供支持。

（一）自然环境的建构与设计

学校中每个运动的角落都可以作为教育的场所，在实施体育教学活动中，需要重视挖掘环境中一切可以利用的因素，包括教学环境的内容因素、风格因素、形式因素、氛围因素等等，对教学进行优化，发挥环境“静中有动”的教育作用。

教师可以创设多样的学习情境，引起学生的注意，激发学生的动机，提升学生的学习效果。例如，教师可以借助校园场地动态性的布置优化教学；借助体操垫的不同形状布置的不同教学活动，帮助学生保持较高的注意力水平。

（二）物理环境的建构与设计

教学物理环境具有直观感，包括场地环境、教学设备和工具等，体现出欣赏性、教育性。相关专家研究结果表明，教学的物理环境能够影响学生的情绪体验与用脑效率，场地、器材的不同造型、颜色，场馆内的装饰、布置都会影响师生的精神面貌。因此，应该精心安排教学设施，体现学校的教育意图、价值取向。

教学物理环境要整洁卫生、颜色需要醒目和谐，带给人积极向上的感觉。地面要清洁，灯光要明亮，场馆的张贴物需要格调高雅、催人上进，张贴物可以选用书法绘画作品，或运动图像。有条件的情况下，还可以在场馆内放置一些鲜花，帮助学生消除疲劳，振奋精神。

校方应该提供丰富的环境刺激，促进学生多种感官共同参与一系列智力活动、体育锻炼活动，充分开发学生的潜能。

（三）人文环境的建构与设计

教学人文环境是隐性的、潜移默化的，包括师生关系、同学之间关系、班风、学风等多方面的内容，反映了师生对教学活动、周围环境的态度，反映了课堂教学情境与学生集体之间的关系。人文环境影响着学生对学科学习的兴趣，影响学习情绪、学习效率，思想道德品质，学生对老师的情感等。大量心理学家研究人文环境对个体或群体心理模式、行为模式的影响。例如，好的师生关系促进师生的默契配合，相互尊重。同学之间的和睦相处能够充分调动学生的学习积极性。良好的班风、学风体现着个人与群体的学习力，构成了重要的学习环境。体育教师需要在开展教学前运用各种各样的策略，培养良好的师生关系、同学关系和集体关系，促进师生互动、生生互动、使教学活动顺畅进行。

五、学校体育教学的建设与发展

（一）学校体育教学的转变

自21世纪以来，全球化的趋势愈发明显，影响着社会政治、经济、文化等各个方面。由此催生出了终身教育思潮，多元智力理论、建构主义理论等多种教育形态，为世界的教育改革提供了理论基础，注入了活力。学校体育从稳定的传统教育态势不断向多元化的现代化教育转变。学校体育的教育目标、教学课程不断进行调整与改革，引发了学校体育教学在多方面发生着转变。

（1）在理论方面，从传统技能认知论转变为终身体育的主体教育论，为学校体育实践的创生提供了解释。

（2）在学科研究方向、理论格局方面，从对教学形式、操作方法等基本元素的考察转变为对教学性质、状态、发展等整体性的探查，拓宽了理论探索与实践方法改革的可能性。

（3）在研究方法方面，突破了“大一统”的传统思维方式，促进了共性与多样性的统一，西方科学方法与东方人文思想的统一。

（二）学校体育教学的走向

（1）学校体育教学目标将向多元性、多水平性、多层次性的方向发展，以培养出能够适应社会多元化发展的人才。

（2）为了实现体育教育的中国化，学校体育教学体系将向具有民族特色的方向发展。

（3）学校体育教学将进一步彰显竞技性、健身性、休闲性、娱乐性和社会性，体现学校体育人文性的回归。

（三）学校体育教学未来的展望

（1）加深对现代教育理念和成果的理解，使我国对“马克思主义中国化”的认识更加深刻，持续推动素质教育的实施与新课程的改革。

（2）学校体育课程改革向本土化、区域化、特色化的方向发展，全面推进“为学习而设计”，“为理解而教”，“个性化分层教学”等新环境的建设，指导学习者积极探索自身的意义与价值，在更高层面上指导教学活动。

第二节　竞技运动训练体系构建与创新

21世纪，我国对高素质人才的需求快速增加，竞技体育人才作为竞技体育竞争的基础，也是我国竞技体育发展软实力的重要方面，决定了竞技体育发展的后劲。[①]在体育事业的发展过程中，我国已成为名副其实的“体育大国”，竞技体育不断创造辉煌与奇迹，但我国还没有实现“体育强国”的远大目标。

一、竞技运动训练体系的概述

（一）竞技体育的概念

竞技体育作为一种精英体育和社会性的体育活动，旨在突破人体的生理极限，创造优异的运动成绩，在比赛中取得好的名次，为各地区、国家争得荣誉。竞技体育具有规范性、公平性的特点，主要由四部分内容组成：运动员选材、运动训练、运动竞赛、竞技体育管理。

① 马兆富，王智慧等.我国高水平运动员人力资源的开发研究[J].体育文化导刊，2012（1）：4-6.

（二）运动训练体系的概念

运动训练体系指根据运动训练　　的基本规律和训练内容之间的相互关系构建起来的系统性的训练程序，科学的运动训练体系能够有效提高竞技体育后备人才的各项基本能力。

（三）我国竞技运动训练体系的演变

1. 三级训练体制

我国在建国初期，参考苏联的社会模式和三级训练体制，在竞技体育体制方面形成了“业余体校——省、市地方队——国家队”的三级训练体制。

但在新中国成立初期我国出国参加的各种体育赛事中，我国运动选手的表现不尽如人意，竞技能力水平较低。因此，我国体育工作者意识到普及体育运动、提高体育技术水平的重要性。于是，在1952年，中华全国体育总会决定成立“中央体训班”（现发展为国家体育总局训练局），并设立了足球、篮球、排球等一系列的竞赛项目。

1959年第一届中华人民共和国全国运动会（简称“全运会”）前后，我国各地纷纷建立起了具有一定技术水平的专业运动队，但专业队伍的成立促使了“体、教分离”的产生，高水平竞技运动逐渐远离校园。

到了1965年，我国正式提出组建国家和省（或直辖市）两级优秀运动队，并逐渐形成了“国家队、地方优秀运动队、业余训练”的“三级训练网”。这种高度集中的训练和管理体制，凭借政府的政策干预，保障了我国运动队伍的稳定，促进了我国竞技体育的快速发展，我国具有了充足的青少年后备力量。

2. 多元化训练模式

随着我国经济的快速发展，“三级训练体制”模式的弊端逐渐显现。忽略对运动员的文化教育，造成运动员的片面发展，大量运动员在退役后无法就业，导致竞技体育后备队伍数量急剧减少。与此同时，在可持续发展、学习化社会等新观念的冲击下，传统模式受到人们的批评，教育系统开始介入，培养竞技体育人才，并逐步形成了新的多元化的训练模式。顺应时代与社会的发展，我国提出了“体教结合”的概念，许多高校开始组建高水平运动队。

1992年，足球改革率先进行，在我国四川建立起了首个股份制足球俱乐部。之后，篮球、排球等多个运动项目依次走向职业化。与此同时，多家青少年体育俱乐部快速发展起来，慢慢形成了青少年业余俱乐部、职业俱乐部、社会、学校各机构组织与运动训练相结合的多元化训练模式。

（1）“大学—中学—小学”的一条龙人才培养模式。1988年，我国确立了大约200所中学作为体育试点学校，到了2008年，在学校开展的业余体育运动训练已经涵盖田径、足球、篮球等30多个常见项目，传统体育项目学校、体育试点学校、业余体校的总体数量已经超过1 000所。20年中教育系统取得的成绩有目共睹，首先，学校竞技体育成绩迅速发展；其次，竞技体育不断完善，随着全国大学生、中学生篮球、足球、排球联赛的举办，教育系统逐渐拥有了自己的竞赛体系，并不断发展、完善；最后，在制度上、政策上理顺了“大—中—小学”一条龙人才培养体系，为教育系统竞技体育人才的纵向流动提供了保障。[①]短短20年，已初步形成了“大学—中学—小学”体系化的人才培养模式，以初步实现运动训练与学校教育的结合。

尽管学校竞技体育的成绩有所提高，但是学校培养竞技体育人才的模式也受到了很多人的质疑，质疑声主要针对以下几点。

①教育系统没有明确的竞技体育人才培养目标，此系统逐渐沦为退役运动员的“乐土”。

②运动员进入高校后，文化课水平堪忧，文凭“注水”。

③教育系统中运动队伍（包括教练员队伍、运动员队伍、科研管理队伍、医疗保障队伍等）的建设没有实质性的提升。

（2）业余体育俱乐部的人才培养模式。青少年业余体育俱乐部主要针对职业化程度较高的运动项目，例如，在2001年，我国足球后备人才主要接受的就是业余足球俱乐部的训练。但在接下来的几年，足球运动员的数量大幅减少，导致足球业余俱乐部的训练模式并没有成为我国主要的训练模式。大

① 郑跃军，吴冶.我国运动训练体系的发展趋势[J].河北体育学院学报，2008（06）：44-46+62.

多数足球学校、足球俱乐部以盈利为目的，缺乏长远的职业规划，培养模式的管理办法、运行秩序也存在着诸多问题。

（四）体系中多种训练模式的对比分析

三级训练体制、“大学—中学—小学”一条龙人才培养模式、业余体育俱乐部的人才培养模式，三种训练模式各有特点（表5–2）。

表5–2　三种训练模式的对比分析①

	三级训练	“大—中—小学”一条龙	业余体育俱乐部
训练时间、场馆、医务监督	有保障，有专门的场馆、医疗队伍	无保障、无专门的场馆及医疗队伍	有保障,有专门的场馆、医疗队伍
教练员水平	运动水平高、学历一般	运动水平一般、学历高	运动水平高、学历一般
竞赛体系	完整、水平高	不完整、水平低	不完整、水平一般
后备队伍	严密、完整、层次分明、渠道通常的后备人才培养和输送网络体系	没有形成完整的人才输送体系,主要依靠专业退役运动员	自身培养、输送
经费	政府拨款,相对来说经费有保障且较稳定	学校拨款,大部分学校训练经费不足	主要依靠学生交费
优点	训练专门化、系统性强	加强运动员的文化教育	充分发挥社会力量
不足	忽视文化教育,造成运动员片面发展	训练水平难以满足需要	忽视了人才培养体系自身的建设与发展
产生的问题	后备人才队伍萎缩、运动员退役安置困难	成为体育系统专业运动员退出机制之一	昙花一现,最终难以维系

① 郑跃军,吴冶.我国运动训练体系的发展趋势[J].河北体育学院学报，2008（06）：44–46+62.

二、竞技运动训练体系的构成

新时期下，竞技运动训练体系的构建遵循以人为本的原则，遵循体育与教育发展的特点与规律，将育人放在首位，充分保障运动员的利益。从文化教育体系、运动训练体系、保障机制体系、评价体系帮助竞技体育后备人才的竞技水平得到快速的提高，实现自身的全面发展。

（一）文化教育体系

许多普通高校为解决大多数运动员不能进行文化知识学习的问题，构建了体教与文化教育相结合的体系，由初级、中级、高级阶段组成。旨在平衡基础教育，满足运动员进行文化学习的需求，促进运动员的全面可持续发展，最终实现竞技体育事业的可持续发展。

初等教育处于义务教育阶段，各中小学需要与业余体校相结合，传授运动员基本的文化知识。同时，培养运动员的运动兴趣，为今后高层次的文化课学习、体育训练打下坚实的基础。国家应通过立法保证运动员在此阶段享受到基础教育，并明确规定学习、训练的时间。

中等教育阶段，各体育运动学校需要联合重点中学，充分挖掘学校中具有体育运动天赋的学生，并将这些学生送到国家高水平体育后备人才基地，接受更加专业、系统的训练与学习，使这些学生的潜力有机会得到最大限度的发挥，为这些学生向更高层次的提升提供条件。

高等教育阶段象征着我国竞技体育的最高水平，国家队与普通高校结合，在役或退役的国家队运动员进入高等院校学习或参加训练。此阶段需要设置一定的门槛，坚持宁缺毋滥的原则，文化课不过关的学生坚决不要，运动成绩不达标的学生坚决不要，规范高校对运动员的招生条件。各高校可以在学期内针对不同层次的运动员设置有价值的文化课程，并在运动员参加比赛期间，充分利用网络课堂等现代化技术手段为学生的文化课学习提供便利，方便广大运动员补上落下的学习任务。

（二）运动训练体系

目前，我国运动训练内容体系几乎是空白，国家和有关部门需要重视运动训练内容体系的建构。运动训练需要充分考虑运动员的个人特点，设计个性化、科学化的训练方案、计划，合理控制运动量，合理安排训练和学习的时间，有效提高运动员的竞技水平。

此体系的建构可以根据运动训练的周期特点，在初等、中等、高等三个教育阶段对运动员实施不同的管理。

初等教育阶段重点培养学生的运动兴趣，实施综合素质教育。

中等教育阶段形成完备的训练、竞赛体制，发展学生的专项技能，提升学生的竞技能力。

高等教育阶段实施系统的专项训练，全面提升运动员的竞技能力，鼓励运动员参加各种国内、国际重大赛事，如全运会、奥运会等。

（三）保障机制体系

体教结合持续有效的前提是构建起强有力的保障体系。与专业队不同，高校大学生参与运动训练一般没有完备的后勤保障、复合训练团队保障。普通高校要想较好地实现体教结合，需要增强一系列的硬件保障（如场地器材、资助费、经费等等）和软件保障（如《体育法》等政策法规保障、管理制度保障、生源保障、医疗团队保障、科研团队保障等等）。保障体质的构建为运动员的训练与学习提供充足的资金支持，服务于运动员的整个运动生涯。

只有得到社会各界（教育、信息、卫生、医疗等）的大力支持，拥有完善可靠的保障体系，竞技体育后备人才的队伍才会不断增加，竞技体育才能走得“更高、更强、更远”。

（四）评价体系

有效、严格的评价体系有助于在高校内开展运动训练，保证体教结合在高校内的顺利进行。各高校可充分发挥自身的优势，赢得社会各行业的支持与帮助，成立专门的评价机构，形成专家评价、社会评价、自我评价三位一体的综合评价体系，全面评估运动员的运动能力、学习效果，教练员的训练方法、道德素质、训练能力等，采取多种评价方式，充分调动教练员与运动员的训练积极性，坚持“以评促改，以评促建”。

三、我国竞技运动训练体系的创新发展

（一）训练体系回归教育

体育是教育的一部分，随着国家经济的快速发展，公民越来越关注个体自身的发展。作为个体的人，我们需要教育发展个体的智力，需要体育促进人体的健康，只有充分实现“体教结合”，才能够真正实现人的全面发展、可持续发展。

（二）提高竞技体育的训练效益

1. 转变思想观念

著名教练员许海峰曾说过：“运动员是一个活生生的人，我们不能把他们当成实验品。”竞技体育训练应该帮助运动员实现全面发展，而不是将其培养成为一个运动能力高但文化水平低的人。训练始终都需关注运动员可持续发展的能力，使运动员即使在退役后，也能够很好地融入社会生活，适应社会发展的需要，成为对社会有用的人。

目前，我国培养的运动员成材率较低，许多运动员无缘达到竞技水平的最佳状态就面临退役，几乎每一位运动员都需要考虑退役后的再就业问题。因此，在竞技体育的训练过程中，一定要注意转变思想观念，注重“体教结合”，保证运动员接受高质量的体育训练，掌握基本的文化知识。

2. 提高人才效益

我国竞技运动训练效益中常出现时间效益、资金效益与社会效益不对等的情况，想解决此类问题，关键在于提高人才效益，提高运动员的成材率。运动训练的成材率低导致投入的资金没有得到充分利用。运动员训练时间长而竞技寿命短的客观现实使得训练的时间效益较低。片面追求运动员的竞技价值，在一定程度上阻碍了运动员开发自身的社会价值。

提高竞技体育人才效益可以考虑充分开发运动员的商业价值。合理的挖掘体育人才的商业价值不仅可以在一定程度上解决运动员的后顾之忧，还可以促进体育产业的发展，为广大人民群众、优秀运动员树立好的榜样，引导青少年养成拼搏向上、积极乐观的人生态度，形成良好的社会氛围，甚至可以传播体育文化，促进群众体育事业的快速发展。

提高运动训练的成材率不应该只关注参与运动训练的人数和最终的训练成绩，而是应该创造更加有利的训练环境，使具备不同运动天赋的运动员得到全面发展，并在赛场上、社会中明确自身的发展方向和潜力空间。这样，竞技体育才能真正走入群众之中，竞技体育后备人才的队伍才能不断壮大。

第六章　竞技体育后备人才培养环境创设与优化的实证分析——以南通市为例

素养“体育之乡”之称的南通市培养出多名世界冠军和奥运冠军，这座城市集聚了大量的竞技体育运动员，被称为“世界冠军的摇篮”。南通市竞技体育的辉煌主要得益于较为完善的竞技体育后备人才培养模式，南通市坚持体教融合的培养原则，以业余训练为主，注重基础选材和基本功训练，创建了良好的培养环境，形成了比较完整与健全的业余训练体系。南通市在竞技体育后备人才培养中的成功经验对我国其他地方具有重要的启示与借鉴意义，值得推广与学习。本章重点从人文社会环境、动机激励环境以及体育训练环境三个方面研究南通市竞技体育后备人才培养环境的创设与优化。

第一节　南通市竞技体育后备人才培养的人文社会环境

南通市在竞技体育后备人才培养中创建了良好的人文社会环境，具体表现为树立了正确的培养理念，制定了明确的培养目标以及根据现实需要而出台了一系列有价值的方针、政策。下面从这几方面展开对创建人文社会环境的研究。

一、人才培养理念强调“全面发展”

时代的进步与社会的发展对人类发展的全面性提出了很高的要求，社会需要全面发展的人才，即体力、智力、道德、才能、心理等各方面素质的协调发展。体育人才同样要具备全面发展的特质，从而适应社会需要，促进体育发展。中国近代实业家、政治家、教育家张謇在南通初办教育起就树立了全面教育理念，倡导将德育、智育、体育有机结合起来，培养全面发展的栋梁之才。南通市竞技体育后备人才的培养经历了萌芽、探索、初兴、繁荣四个阶段，各个阶段都将全面发展作为重要的人才培养理念，见表6-1。而且随着后备人才培养的不断推进，该理念的内涵越来越完善。直至今天，南通市依然贯彻全面发展的人才培养理念，并在实践中落实该理念，实现了理念与实践的高度统一。

表6-1 南通竞技体育后备人才培养不同时期的培养理念[①]

时期	培养理念
萌芽时期（1902—1948年）	提升体育地位，纳入教学大纲，促进人的德、智、体全面发展
探索时期（1949—1972年）	摸着石头过河，重树体育地位，促进人的德、智、体全面发展
初兴时期（1973—1991年）	克服锦标主义，打开培养局面，践行人的德、智、体全面发展
繁荣时期（1992年至今）	坚守职业道德，遵循成长规律，全面培养人才

① 王立华.南通竞技体育后备人才培养研究[D].北京体育大学，2015.

20世纪初，张謇基于对体育重要性的认识而倡导体育教育，并提出在体育教育中要培养道德、智力、体质等全面发展的人才，这一教育理念的提出在当时教育界具有划时代的重要意义。张謇兴办学校，在该理念的指导下而培养栋梁之才，为社会做出了巨大的贡献，也有效提升了人民群众的整体素质。之后我国在教育方针与政策的制定中，“全面发展”的教育理念提供了重要的思想指引。

新中国成立后，南通学校教育和体育人才培养中依然坚持张謇提出的全面发展理念。即使是在20世纪六七十年代的社会动乱时期，学校教育和业余训练中也依然坚持“全面发展”理念而不动摇。在科学培养理念的指导下，青少年运动员入队后也要接受正规的学校教育，学校重视校风建设，运动队注重队风建设，全面管理运动员。在运动员培养中，倡导正面教育，以鼓励为主，引导青少年运动员培养正确的世界观、价值观。在运动队教育中，还注重对运动员道德品质、集体主义精神、爱国主义精神的培养，以促进运动员的全面提升与发展。

南通在竞技体育后备人才培养的各个时期始终坚持全面发展的人才培养理念，根据运动员的成长规律而进行全面培养，有效克服了外界干扰，促进了人才培养质量的提高和运动员的可持续发展。进入新世纪后，人才的重要性越来越突出，培养适应社会发展需要及能够推动社会与国家发展的全面型人才成为教育部门和体育部门关注的重点。因此，南通从选材、育才等方面积极落实全面发展理念，坚持以人为本的培养原则，在整个培养过程中不断强调后备人才的全面发展与综合提高。现在，南通竞技体育后备人才培养进入了繁荣阶段，而且南通青少年运动员及其家长普通对当下体教结合的培养方式感到满意，可见“全面发展”的育人理念受到了广泛的认同，获得了一致的肯定。

二、培养目标逐级提高

开展竞技体育后备人才培养工作，首先要明确要将青少年培养成什么样的体育人才，要达到什么样的标准，满足什么质量要求，这都要在培养目标中予以明确。因此制定人才培养目标是首要任务。在南通竞技体育后备人才培养的各个阶段，培养目标随社会需要而不断变化，总体上呈逐级提高的趋向，见表6-2。

表6-2　南通竞技体育后备人才培养不同时期的培养目标

时期	培养目标
萌芽时期（1902—1948年）	身体健康、保家卫国，从国家本位到人本位
探索时期（1949—1972年）	培养体育师资、体育骨干、向省输送人才，狼山体校与青少年业余体校成为实现目标的保障
初兴时期（1973—1991年）	为基层培养体育骨干、为省输送人才渐渐发展到为国家输送后备人才
繁荣时期（1992年至今）	奥运后备人才

（一）从国家本位到人的本位

培养人才，首先要明确培养目标，这是不可缺少的内在动机。张謇在办学校之初，提出要普及体育运动、增强学生体质、提高学生运动水平，因此他强调体育教育的重要性，并从四个方面来落实体育教育和实现教育目标。第一是开设体育课，有组织地开展科学而系统的体育教学工作，普及体育卫生知识，传授体育技能；第二是开展课外体育活动，组织运动会，举办校园体育比赛；第三是将早操纳入学校教育规章制度中；第四是弘扬武术文化，学习中华武术。为了满足学生和大众的运动需要，张謇积极进行体育场所的修建，完善体育设施条件。张謇所做的这些努力就是为了培养体质健康，能够保家卫国的人才，为了在普及体育运动的基础上提高学生的运动技能，从而争取机会参与远东运动会，这些培养目标充分体现了国家本位与人本位的有机结合。

（二）从培养师资到输送省队

中华人民共和国成立初期，南通为了推动学校体育、大众体育的发展，确立了培养体育师资、体育骨干的人才培养目标。20世纪60年代，随着全国乒乓球运动的兴起与发展，南通人民积极参与乒乓球运动和全省乒乓球比赛，取得了可观的成绩。这着实使南通有关部门搞好体育事业的信心倍增。1962年，南通积极创办青少年业余体校，采取“走训结合”的方式对青少年后备人才进行培养，随着体校运行机制的不断成熟，业余训练工作逐渐取得了成效，并开始向省运动队输送青少年后备人才，这也成为南通竞技体育后备人才培养的新目标。当时输入省运动队的青少年运动员大部分来自青少年业余体校和狼山体校。

（三）从培养骨干到输送国家

20世纪70年代到20世纪90年代初，南通竞技体育后备人才培养目标经历了由培养基层体育骨干→为省运动队输送人才→为国家输送人才的转变。为了逐级实现目标，南通体委立足人才培养现状而对新的培养路径进行探索，以解决后备梯队衔接不畅及青黄不接的问题。南通体委采取的主要途径是与教育局共同创办体育中学，实现小学培养到中学培养的有机衔接。此外，南通高度重视体育传统项目学校的发展，将此作为后备人才的培养基地。而为了将优秀的青少年运动员送入国家运动队，南通制定了不同层次的人才培养目标，而且明确了不同阶段的训练和培养目标，而最终目标是培养能够参加奥运会的青少年运动员。随着竞技体育后备人才培养工作的有序推进，各个阶段培养目标逐步实现，最终也实现了向国家队输送优秀体育后备人才的目标。

（四）从育冠军到育奥运人才

随着南通竞技体育后备人才培养水平的不断提高，南通体育事业繁荣发展，向国家队输送的优秀运动员在国际赛场上取得了优异的成绩，这进一步提高了南通培养竞技体育人才和搞好体育事业的信心，并坚定了培养奥运会人才的决心。1992年，南通市委市政委下发《关于加强培养奥运后备人才的决定》，确立了后备人才培养的新目标——培养奥运人才。为了实现这一目标，南通各县将培养奥运会人才列入上层规划，明确体育系统、教育系统各自的职责，按期考核工作成绩。财政部门增加关于培养后备人才的专项经费，政府从经费、政策上给予了全面的支持。体委将培养奥运人才的总目标具体细化、分解成一个个阶段性目标，通过长期而系统的培养实现每个阶段目标，最终实现总体目标。为了强调向国家队输送人才和培养奥运人才的重点目标，南通市体育局提出“不比省内名次，重看输送奖”的要求。在正确目标的引领下，南通市不断向国家队输送优秀运动员，而且在奥运会中取得冠军的南通籍运动员数量可观，被称为“南通现象”，这充分证明了培养目标的科学性、正确性以及前瞻性。

总体来看，南通竞技体育后备人才培养目标具有时代性，根据不同时期的现实需要而确定与调整目标，从而推动了后备人才培养的可持续发展。

三、培养方针和政策与时俱进

南通竞技体育后备人才培养中不同时期制定的方针、政策见表6-3。

表6-3 南通竞技体育后备人才培养不同时期的方针、政策

时期	培养方针、政策
萌芽时期（1902—1948年）	以“注重道德、注重身体健康、注重智识”为教育方针，对竞赛优胜者给予精神奖励
探索时期（1949—1972年）	普及与提高相结合、体委与相关部门合作共赢、教练员角色转换
初兴时期（1973—1991年）	竞技体育优先发展，扩大合作共赢范围、简政放权、扩大体育社会化，集约型管理
繁荣时期（1992年至今）	以培养奥运后备人才为目标，出台相关政策及管理办法

（一）全面育人与精神奖励

张謇提出，“欲国之强，当先教育，欲兴教育，先兴实业”，认为教育是强国直奔，而实业是教育之本，强国是教育的最终目的。为实现“强国”目标，确立了“国家思想、实业知识、武备精神”的教育大纲，并依据这一教育大纲而提出了“注重学生道德，以养成高尚之人格；注重学生身体健康，以养成勤勉耐劳之习惯；注意实地练习，以养成切实应用之智识”等较为细化的教育方针，该教育方针与教育大纲具有高度统一性。科学的教育方针对南通教育事业的发展方向提供了正确的指引。南通竞技体育后备人才培养的萌芽阶段，尚未确立专门的组织机构负责相关管理事宜，管理制度缺位，所以主要从精神上奖励优秀后备人才。

（二）合作共赢与角色转换

为了提高竞技体育后备人才培养的效率，南通体委主动与相关部门取得联系，建立合作关系，取得各部门的支持，从而为顺利开展各项培养工作提供有利的环境与条件。此外，各部门在讨论问题时，难免会有不同的意见，为了化解矛盾，顺利解决问题，各部门从角色互换和站在他人角度思考问题等方面出发重新认识问题，友好协商，以采取最佳方式解决问题。例如，关于业余体校学生训练时间和学习时间的矛盾问题，体育局和教育局耐心协商，反复斟酌，最终解决了该矛盾。南通体委与各部门建立融洽和谐的合作关系为竞技体育后备人才培养创造了良好的外部环境。

这一时期的角色转换还体现在教练员身上。在竞技体育后备人才培养中，教练员扮演多重角色，如班主任、教练员、辅导员、裁判员、选材人员等，并参与业余体校组织制度建设等相关工作，身兼数职的教练员通过自己的努力而提高了后备人才培养质量，为竞技体育后备人才培养做出了巨大的贡献。

（三）简政放权与集约发展

改革开放后，南通根据国家提出的指导方针，并结合当地的实际情况，制定出一系列和竞技体育后备人才培养相关的政策，如1990年，市政府出台《关于进一步加强体育工作的意见》，为人才培养指明方向。之后市委、市政府联合发出《学习亚运健儿，弘扬亚运精神》，起到了重要的鼓舞作用，激励了教练员和青少年运动员。

随着南通竞技体育后备人才培养计划的有序推进，体委逐渐认识到对教练员进行管理的必要性和重要性。作为培养后备人才的关键人员，教练员发挥着举足轻重的作用，因此既要为教练员提供良好的服务，又要加强对教练员队伍的管理，提高福利待遇，解决生活问题，这充分体现出南通竞技体育后备人才培养中在管理方面的集约型特征。此外，为了提高人才培养效率，南通注重对科技手段的运用，强调对相关工作人员综合素质的培养，全方位加强管理，提升效益，实施集约型培养与管理。

（四）奥运相关政策与管理

1992年，南通市委、市政委于颁布《关于加强培养奥运后备人才的决定》，从政府层面强调竞技体育后备人才培养的重要性，有了政府的支持，则为相关工作的开展提供了便利。之后，为了多出人才，出好人才，保证奥运后备人才的输送率，又出台了一系列政策、文件，如《南通市输送体育后备人才奖励办法》《关于联办市级运动队的实施意见》《南通市业余训练工作管理暂行办法》《南通市业余教练员管理办法》等。南通政府基于对现实和未来发展趋向的考虑而出台的这些政策为南通竞技体育后备人才的培养指明了方向。南通出台关于竞技体育后备人才培养的相关政策的时间比我国其他地方要早一些，所以培养成果也比其他地区更可观，南通籍运动员接连在奥运会上夺得冠军充分证实了政策的正确导向作用，也证实了早出政策和早出成绩的息息相关的。基于现实而制定的具有时代性、科学性、前瞻性的一系列政策是南通体育事业可持续发展的重要保障。

第二节　南通市竞技体育后备人才培养的动机激励环境

培养优秀的竞技体育后备人才，离不开一些正确动机的激励，因此南通在竞技体育后备人才培养中非常重视对动机激励环境的创建，主要从持续输送人才、宣传运动员在各大比赛中的可喜成绩以及提升城市体育形象等几方面努力。本节着重从这几方面展开研究。

一、人才输送量持续增长

总体来看，南通从竞技体育后备人才培养之初到现在，人才输送量是持续增加的，各个培养阶段的人才输送情况与当时的培养理念、培养目标、培养方针政策有关，见表6-4。

表6-4　南通竞技体育后备人才培养不同时期的人才输送

时期	人才输送
萌芽时期（1902—1948年）	无输送，成绩优异的运动员被选拔参加比赛，赛后回到地方学校
探索时期（1949—1972年）	向专区、省、国家输送，输送量少
初兴时期（1973—1991年）	向少体校、省优秀运动队、国家输送，输送量增加
繁荣时期（1992年至今）	输送途径与初兴期相同，输送数量增加，输送质量提高

从上表来看，在南通竞技后备人才培养的萌芽期，没有向省运动队及国

家队输送后备人才，优秀的运动员经过严格的选拔而直接参加省级、国家级甚至世界比赛，比赛结束后再继续接受教育和业余训练。

新中国成立后，南通在竞技体育后备人才培养中尚且缺乏经验，青少年运动员一般接受文化教育，一边参加业余训练，有关部门在这一阶段不断总结经验，探索新的人才培养途径，并将少数后备人才输送到省运动队或国家队。

改革开放前后，在国家关于推进体育事业发展的大政方针的指引下，南通体委积极响应号召，并从本地实际情况出发而出台地方政策，以逐步落实地方政策、国家方针，从实践中总结人才培养的成功经验，大大提高了人才培养的效率，增加了人才输送量。

20世纪90年代以来，南通竞技体育事业发展速度加快，人才培养效益进一步提升，继续向国家队输送大量优秀的人才，而且南通籍运动员在世界重大比赛中为国家赢得了不少的荣誉。

总之，南通竞技体育后备人才输送的持续增加使得南通政府发展体育事业的信心不断增强，也坚定了可持续发展的恒心，激发了全市上下的战斗热情。

1973—2014年南通向省优秀运动队和解放军队输送的人数如图6-1和图6-2所示。

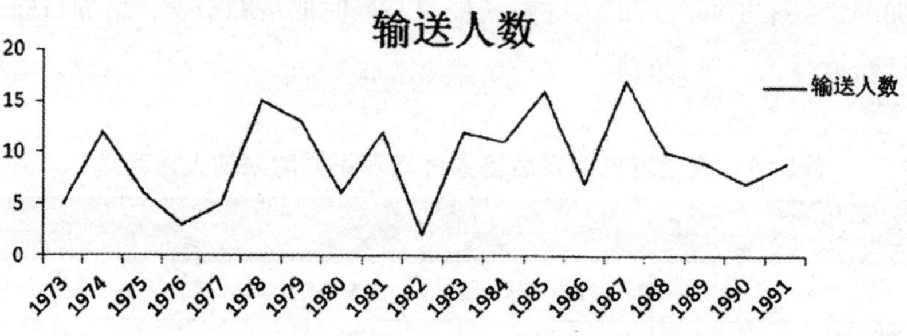

图6-1 1973—1991年南通向省优秀运动队和解放军队输送的人数曲线图①

① 王立华.南通竞技体育后备人才培养研究[D].北京体育大学，2015.

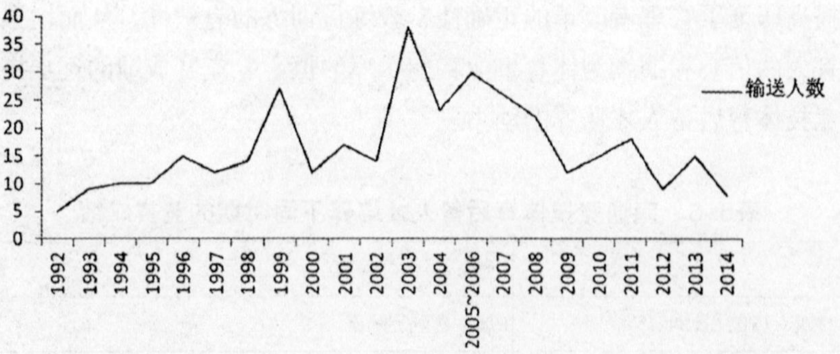

图6-2　1992—2014年南通向省优秀运动队和解放军队输送人数曲线图

从图6-1可以看出，1973—1991年南通向省优秀运动队及解放军队输送人才已经有了一定的数量，但还不稳定。

从图6-2可以看出，1992—2014年南通向省优秀运动队及解放军队输送的人才量总体上升。1992—2002年持续上升，2003年达到顶峰，2003—2014年平缓下降。这与选材工作难度大有直接的关系，这一时期虽然三大球放到了学校，解决了部分运动员的升学问题，被选为后备人才的学生可以进入重点小学接受教育，将此作为吸引人才的条件，业余体校也采取分流的办法解决运动员的出路问题，但这些政策无法使招生难的问题得到根本上的解决，从而严重影响了人才梯队建设。

二、竞技成绩举世瞩目

南通竞技体育后备人才培养不同时期的竞赛成绩呈逐步提高的发展趋势，各发展阶段情况见表6–5。

其实无论是参加市级竞赛、省级竞赛，还是参加全国比赛、世界竞赛，南通的成绩都表现出逐步提高的趋势，这主要归功于南通先进的人才培养理念、良好的管理效益、合理的项目布局、科学的运动选材等，这些使得南通籍运动员经历了走向洲际、跻身全国、初涉奥运到花开奥运的过程。竞赛成绩的提高印证了管理者改革的正确性、教练员训练的有效性，从而增强了南通体育人的信心和继续为体育事业鞠躬尽瘁的恒心。竞赛成绩的逐步提高是南通竞技体育后备人才培养的动力。

表6–5　南通竞技体育后备人才培养不同时期的竞赛成绩

时期	竞赛成绩
萌芽时期（1902—1948年）	从市赛到洲际赛
探索时期（1949—1972年）	从市赛到全国赛
初兴时期（1973—1991年）	从市赛到初涉奥运会比赛
繁荣时期（1992年至今）	从市赛到奥运会比赛，全面开花

在南通籍运动员取得的举世瞩目的成绩中，最耀眼的是13枚奥运会金牌。1992年以来举办的7届奥运会中，南通籍运动员届届登上冠军领奖台，有7人13次夺金，成为国内地级市的个例。1992年巴塞罗那奥运会，22岁的游坛多面手林莉在女子200米个人混合泳决赛中率先触壁，收获奥运金牌，并成为第一个在奥运会上打破世界纪录的中国人。4年后，同样来自南通的葛菲在亚特兰大奥运会上和搭档顾俊联袂夺得女子羽毛球双打冠军，填补了中国羽毛球队在奥运赛场上的金牌空白。2000年悉尼奥运会上，南通运动健儿的成绩让世界为之赞叹：黄旭、李菊、葛菲先后登上冠军领奖台，使南通成为国内在单届奥运会同时涌现出2名以上冠军的城市。2004年雅典奥运会上，小将陈玘在乒乓球男子双打项目中爆冷夺金，成就家乡完成奥运金牌四连冠。从此，南通成为国内地级市的奥运领头羊。在举世瞩目的2008年北京奥运会上，南通运动健儿的突出成就又一次震惊世界，8月12日，黄旭、陈若琳、仲满3将分别在体操男子团体、跳水女子10米跳台双人跳、击剑男子佩剑个人3个项目上各取一金，创造了极具传奇色彩的奥运“南通日”，仲满还成为首个夺得击剑奥运冠军的中国男子运动员，陈若琳是史上首个在单届奥运会囊括跳台项目单人跳、双人跳冠军的运动员。2012年伦敦奥运会，陈若琳在女子10米跳水再次收获2金，使家乡完成奥运六连冠的国内地级市之最。2016年里约奥运会上，陈若琳实现了女子10米跳台双人跳三连冠神奇，她本人成为国内奥运五冠王之一。这些举世瞩目的成绩让南通体育人信心倍

增，被誉为“世界冠军摇篮”的南通正在向连续八届奥运夺得金牌的目标而努力，这里祝南通体育好运。

三、借助体育提升城市形象

南通在竞技体育后备人才培养中通过各种手段宣传体育，推动人们对体育的了解、认识、参与、支持。南通竞技体育后备人才培养不同历史时期的体育宣传见表6-6。

表6-6 南通竞技体育后备人才培养不同时期的体育宣传

时期	体育宣传
萌芽时期（1902—1948年）	通过演说扩大体育在南通的影响力
探索时期（1949—1972年）	报告式宣传，印刷媒介宣传，电子媒介及省、市级体育赛事表演的宣传，提高南通群众对体育的认识
初兴时期（1973—1991年）	从借助印刷及电子媒介到大量的省及国家级体育赛事表演，提高了群众的欣赏水平
繁荣时期（1992年至今）	体育——南通对外开放的窗口、城市的符号

（一）促进社会认同

在南通竞技体育后备人才培养的萌芽期，为改善地方教育观念，使体育得到社会的认同，张謇通过演说、公函、会议向人们宣传体育运动利国利民的作用；通过建设学校体育场馆为学生和教师提供锻炼空间，他强调学校体育是全体师生的体育而不是少数人的体育，他追求体育普及化目标；通过社会公共体育场及公园的建设向市民宣传锻炼的功效。无论在校级运动会上还是在市级运动会上，张睿都通过演讲扩大体育的社会影响力，激励学生锻炼身体、保家卫国，使群众了解体育，参与体育。

（二）扩大体育认识

新中国成立之初，虽然人们之前对体育已经有了一定的认识，但经历战争后对体育的认识已发生改变，对于体育的作用、功能、地位都处于懵懂状态，再加上南通1954年才建立体委，体育起步晚，于是宣传成了主要的介入方式，当时主要采用三种手段进行宣传，第一种是面对面的报告式宣传，第二种是通过大众传播媒介如报纸、黑板报、海报等进行宣传，第三种是体育赛事竞技表演的宣传。通过这些宣传手段向人们普及体育运动的目的、意义、功能、价值，使人们改变对体育的态度，从思想和行为上接受体育、参与体育，从而深入贯彻普及与提高的方针。在提高认识的前提下，提高了人们参加体育锻炼的自觉性。

（三）提升城市魅力

随着社会的发展，时代赋予了体育更多的功能和作用，比如成为城市的符号。南通市体育工作者通过各种宣传提高政府部门的体育意识、群众的参与意识，使体育工作列入政府议事日程，成为群众的自觉行动。南通承办省级、国家级和世界级竞赛，使人们近距离感受体育的魅力。体育是南通对外开放的名片，这个名片的效应在2008年北京奥运会上达到极致，著名的“南通现象”引起了国内外的广泛关注，南通体育的“名片”更加响亮，南通的城市知名度和影响力也因此而有效提升。

第三节　南通市竞技体育后备人才培养的体育训练环境

在竞技体育后备人才培养中，围绕后备人才的各项竞技能力进行训练是非常关键的一项工作，包括后备人才的体能训练、技战术训练、心理训练与智能训练等，以及运动训练与其他素质培养的有机结合。通过科学而系统的训练、培养，全面提升后备人才的竞技能力和综合素质。因而，创建优良的体育训练环境至关重要，这引起了南通体委的高度重视，在后备人才培养过程中积极创建良好的体育训练环境，从运动选材、项目布局、场地建设到培养形式创新等做了多方面的努力。本节主要围绕这几方面展开对南通竞技体育后备人才培养中体育训练环境创设与优化的研究。

一、科学选材

表6-7　南通竞技体育后备人才培养不同时期的运动选材

时期	运动选材
萌芽时期（1902—1948年）	注意体育普及，在普及基础上层层选拔运动员参赛
探索时期（1949—1972年）	就近招生，全面发展，本人自愿，家长、学校同意，成立选材小组，经挑选、测验、试训、政审合格者则可训练
初兴时期（1973—1991年）	全市招生，教师推荐、教练下基层自选，成立选材小组，经目测、复试、试训、政审合格者录选，经验选材与科学选材初步结合
繁荣时期（1992年至今）	成立体科所，经验选材与科学选材结合，提高选材成功率

南通竞技体育后备人才培养的萌芽阶段，专门用来进行训练的体育机构还未建立，在普及思想下，学校运动队保持训练的传统与习惯，从运动队中逐层选拔优秀者参加省级以上比赛。

在人才培养的探索阶段，青少年业余体校得以创办，以走训方式培养人才，通过就近招生来避免时间的浪费。训练对象既要学习好，又要有良好的体质和品德，而且必须经过学生本人、学校及家长三方同意，然后进行政审，最终合格者可进入体校训练。为了提高招生效率和水平，有关部门组建专门的选材小组，由选材小组负责选拔、测验、录取等相关事宜。

在人才培养的初兴阶段，随着市管县体制的建立和训练形式的增加，选材范围向全市拓展，成绩好、品德好、意志力好是选材的基本要求，而且要得到学校与家长的同意。依然由专门的选材小组负责选材工作，但是选材流程更严格，环节更多，而且不再是单一的经验选材方式，逐渐向科学选材的方式过渡。

在人才培养的繁荣阶段，教练员积累了较为丰富选材和训练经验，总结出了选材的规律和优秀运动苗子具备的特征等，因而避免了盲目选材的弊端，提高了选材的效率和成功率。这一时期，依然保留经验选材方式，但科学选材占主导，二者有机结合。

二、场地设施建设

在竞技体育后备人才培养的体育训练环境的创建中，场地设施建设是最为基础的工作，也是不可缺少的环节，场地设施是否充足直接影响训练需求能否得到满足，影响训练效果以及人才培养效果。因此，南通市非常重视建设体育场地设施，为后备人才参与体育训练提供良好的物质环境。从南通竞技体育后备人才培养各个阶段场地设施的建设情况来看，总体是不断完善的，见表6–8。

表6–8　南通竞技体育后备人才培养不同时期的场地设施

时期	场地设施
萌芽时期（1902—1948年）	广泛修建体育场，购置或自制体育器材
探索时期（1949—1972年）	废墟上重建场地设施
初兴时期（1973—1991年）	逐步改善场地设施，承接省、国家级比赛
繁荣时期（1992年至今）	加大投入，逐步完善，承接省级、国家级及世界报体育比赛

在后备人才培养的萌芽阶段，南通积极修建公共体育场地，整合地方物质资源而自制或购置基础体育器材、设备，建立了五公园，为广大群众包括学生参与体育活动提供了基础条件。

在后备人才培养的探索阶段，刚刚结束战争的国家千疮百孔，之前的体育基础设施被严重破坏，因此国家号召在废墟上重建运动设施，主要根据当时流行的运动项目而修建相应的体育场地，如篮球场、足球场、田径场等，随着运动场地的不断建设，体育事业逐渐恢复了生机。

在后备人才培养的初兴阶段，南通从政府层面规划体育场地建设工作，给予政策、资金、管理等各方面的支持，并提高了场地建设的标准，以提高承办省级比赛的能力。

在后备人才培养的繁荣阶段，南通在体育场地设施建设方面取得了卓著的成绩，如建立了国家乒乓球基地、体育会展中心等，训练条件得到了极大的改善，而且现有场地设施条件为南通承接国家级、世界级重大体育比赛奠定了基础，南通体育事业发展水平不断提升。

三、项目设置与布局

项目设置与布局也是竞技体育后备人才培养中不可忽视的一环，在后备人才培养的不同历史时期，南通的体育项目设置与布局不断发生变化，以不断适应社会发展的需要，适应实施奥运计划的需要，抓住优势项目的特征而为国家培养了一批优秀的竞技体育运动员。

南通竞技体育后备人才培养中不同时期的项目设置与布局见表6–9。

在后备人才培养的萌芽阶段，南通以学习中华武术为主，然后将日本的体操、兵操等项目引进我国，旨在强身健体，保卫祖国，之后从欧美国家引进球类项目、游泳项目，丰富了我国的体育项目。

在后备人才培养的探索阶段，继续设置萌芽阶段的一些项目，并以教练员的特长为依据而将体操、篮球、田径等项目引进业余体校，对后备人才进行系统化培养。

在后备人才培养的初兴阶段，继续从教练员的特长出发而设置项目，在原有项目的基础上新设置了羽毛球、排球项目。此外，南通以省运动会设置的比赛项目为依据而调整体校开设的项目，并根据人才培养理念、培养目标进行项目的合理布局。

表6-9 南通竞技体育后备人才培养不同时期的项目设置与布局

时期	项目设置与布局
萌芽时期（1902—1948年）	从本土武术到日本的兵操、体操等，再到欧美的乒乓球、网球、游泳等项目。无布局
探索时期（1949—1972年）	传承张謇时期的项目，设置国防项目，根据教练员的特长，在业余体校开设田径、体操、游泳、足球、篮球和乒乓球，系统性培养后备人才，无布局
初兴时期（1973—1991年）	本市县传统项目设置，从业余体校根据教练员特长增设排球和羽毛球项目，到根据省运会调整项目设置，再到根据竞技体育后备人才培养进行项目布局
繁荣时期（1992年至今）	以奥运战略为指导，增设奥运项目，根据国家和江苏省优势项目重新布局

在后备人才培养的繁荣时期，南通紧锣密鼓地实施奥运争光计划，根据奥运会上设置的比赛项目而重新调整项目设置及布局。重点提高优势项目的后备人才培养率，输送优势项目的优秀后备人才。

四、多元培养形式

南通在竞技体育后备人才培养的过程中，在不同历史时期根据本地实际情况而采用不同的方式进行训练、培养，培养方式从单一走向多元、融合，从而提高后备人才的培养效率，提升了人才培养质量，也增加了人才的输送量。不同时期培养形式见表6-10。

在后备人才培养的萌芽阶段，培养后备人才主要是教育部门的职责，因此以学校培养为主，主要是在学校组建运动队来培养人才。

在后备人才培养的探索阶段，南通体委成立，后备人才培养成为教育部门和体育部门共同的任务，主要采用短期集训及走训的培养形式，前者是为了应付比赛，后者是根据业余体校的特殊性而采取的方式，这一阶段业余训练开始走向正轨。

表6-10　南通竞技体育后备人才培养不同时期的培养形式

时期	培养形式
萌芽时期（1902—1948年）	学校运动队、市运动队、体育场训练的运动队
探索时期（1949—1972年）	短期集训、走训形式的业余训练
初兴时期（1973—1991年）	体教结合、走训、三集中、二集中、传统校、训练点、校业余代表队
繁荣时期（1992年至今）	体教结合、走训、三集中、二集中、市队县办、市队校办和体育、教育、企业、政府四结合

在后备人才培养的初兴阶段，在原有培养形式的基础上出现了新的人才培养形式，如三集中培养、二集中培养、传统项目学校培养、体教结合培养、训练点培养等。丰富的培养形式促进了培养效率的提升。

在后备人才培养的繁荣阶段，南通体育事业快速发展，为提高人才输送效率和成功率，将多种培养形式综合起来进行运用，以提高培养效率，运用较多的培养方式有体教结合培养、走训培养、三集中培养（训练、学习和食宿在同一学校）、二集中培养（在体校训练、食宿，在普通学校学习）、传统项目学校培养、学校业余代表队培养，等等。多种多样的培养形式构成了较为完整的培养体系，如图6-3所示。此外，这一时期南通市还出现了新的培养形式，如市/市队校办培养；体育、教育、企业和政府联合培养等，培养形式呈多元化趋势，从而成就了南通籍运动员在奥运会上的辉煌。

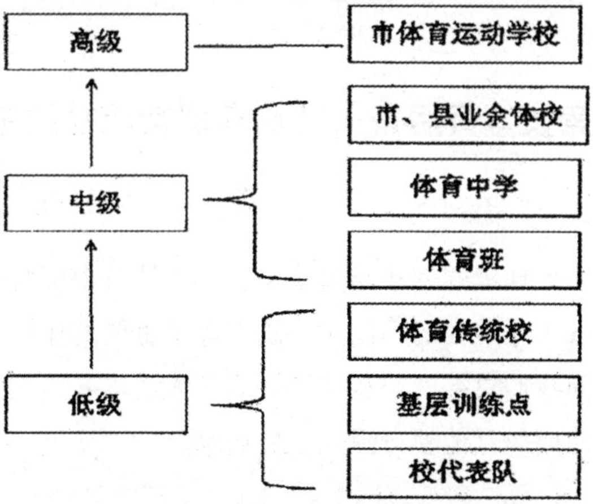

图6-3　南通市业余训练体系

第四节 南通市竞技体育后备人才培养的经验总结

一、南通竞技体育后备人才培养取得成功的归因分析

南通竞技体育后备人才培养取得了可观的成绩，后备人才培养呈现出可持续发展的良好态势，主要归因于南通市创建了良好人文社会环境、有效的动机激励环境以及有序的体育训练环境，从而为南通竞技体育后备人才培养提供了充足的文化养分、激励养分，培育了优秀的运动苗子。这些环境的创建推动了南通竞技体育后备人才培养的可持续发展。而且南通在不同的历史时期对这些环境进行了相应的调整与优化，不断与时俱进，与社会需求保持一致，从而成就了南通竞技体育的今天。

二、南通竞技体育后备人才培养取得成功的主要影响因素

南通在上述三大环境的创建与优化中，具体涉及很多要素，这些要素在南通竞技体育后备人才培养的不同时期均发挥了重要的作用，值得其他地方学习与借鉴。下面我们总结南通竞技体育后备人才培养历程中关键要素的演变特征与趋势，从而为其他地方提供经验启示。

（一）培养理念

南通竞技体育后备人才培养的理念是德、智、体全面发展，它经历了从纳入大纲育人到重新树立体育地位育人，到克服锦标主义育人，再到遵循规律育人的过程。这一理念是南通竞技体育后备人才培养的力量源泉。

（二）培养目标

南通竞技体育后备人才培养目标经历了萌芽期的国家本位到人本位；探索期的培养师资到输送省队；初兴期的培养骨干到向国家输送；繁荣时期培养奥运后备人才逐级提高的过程，逐级提高的培养目标引领着南通竞技体育后备人才培养的发展方向。

（三）培养方针、政策及管理

南通竞技体育后备人才培养的方针、政策及管理经历了从全面育人与精神奖励，到合作共赢与角色转换，到简政放权与集约发展，再到制定奥运相关政策与管理办法的过程，与时俱进的培养方针政策与管理是南通竞技体育后备人才培养的保证。

（四）人才输送

南通竞技体育后备人才培养中人才输送经历了从无输送到少量输送到输送量增加，再到急剧增加的过程，持续增长的人才输送是南通竞技体育后备人才培养的优势所在。

（五）竞技成绩突出

南通竞技体育后备人才的竞赛成绩经历了从走向洲际到跻身全国，到初涉奥运，再到花开奥运过程，逐步提高的竞赛成绩是南通竞技体育后备人才培养的动力。

（六）体育宣传

南通竞技体育后备人才培养中体育宣传经历了从促进社会认同到扩大体育认识，再到提升城市魅力的过程，打造城市符号的体育宣传是南通竞技体育后备人才培养的助力。

（七）运动选材

南通竞技体育后备人才选材经历了从普及体育思想下的全校性选材，到经验选材与政治审核相结合的选材，到经验选材与科学选材初步结合，再到经验选材与科学选材紧密结合的过程，从经验走向科学的运动选材是南通竞技体育后备人才培养的根基。

（八）场地设施建设

南通竞技体育后备人才培养中场地设施建设经历了从全面建设到废墟上重建，到逐步改善，再到逐步标准化的过程，逐级完善的场地设施是南通竞技体育后备人才培养可持续发展的前提。

（九）人才培养形式

南通竞技体育后备人才培养形式经历了从单一的教育系统培养到体委与教育系统共同培养，到体委与教委多形式培养，再到体教政企等多元形式的培养的过程，培养形式从单一走向多元是南通竞技体育后备人才培养的基础。

（十）项目设置与布局

南通竞技体育后备人才培养中项目设置与布局经历了从设置本土项目和引进体育项目，到根据教练员特长设置项目，到根据省运会调整项目与布局，再到根据奥运会、省优势项目重新布局的过程，从本土到奥运项目的设置与布局是南通竞技体育后备人才培养的关键。

第七章　竞技体育后备人才基础竞技能力训练探索

基础竞技能力主要包括运动员的体能、心理能力和智力能力，是运动员发展运动技、战术的基础条件，基本上能够决定运动员的发展上限，基础竞技能力训练是竞技体育人才培养过程中最重要的环节之一。本章将从竞技体育后备人才的体能训练、心理训练、智力训练三个方面，对竞技体育后备人才基础竞技能力训练探索进行具体阐述。

第一节　竞技体育后备人才体能训练

一、体能训练概述

体能主要包括身体形态、机体机能和运动素质三个方面，三者之间相互联系、相互影响，任何一个因素的变化都会引起其他因素和整体的变化。其中，身体形态是指身体表现出来的外部形态，比如身高、体重、四肢长度等；机体机能指的是身体器官和系统的功能，比如神经系统的反应速度、肌肉的收缩能力、关节的灵活程度等；运动素质指的是机体表现出来的和运动相关的能力，比如跑、跳等能力。体能训练以提升运动素质为主要内容，在提升运动素质的过程中同时实现身体形态和机体机能的改善，最终实现整体体能的发展。因此，体能训练就是针对运动员运动素质展开的训练，主要围绕发展运动素质进行。

二、运动素质分类

根据运动机能的基本特征对运动素质进行分类，可以将其分成基本运动素质和复合运动素质两个类型。其中，基本运动素质是指具有一种运动机能特征或者在某一方面的运动机能占据主导作用的素质，比如力量素质、耐力组织、速度素质、柔韧素质等；复合运动素质是指具有两种或者两种以上运动机能特征的素质，比如反应能力、弹跳能力等。无论一项运动素质是基本运动素质还是复合运动素质，它都不是孤立存在的，而是和其他运动素质之间存在普遍的联系。对总体体能来说，任何一项运动素质的变化都具有“牵一发而动全身”的影响。

图7-1、7-2分别展示了体能中包含的运动素质的具体种类，以及各项运动素质之间的关系。

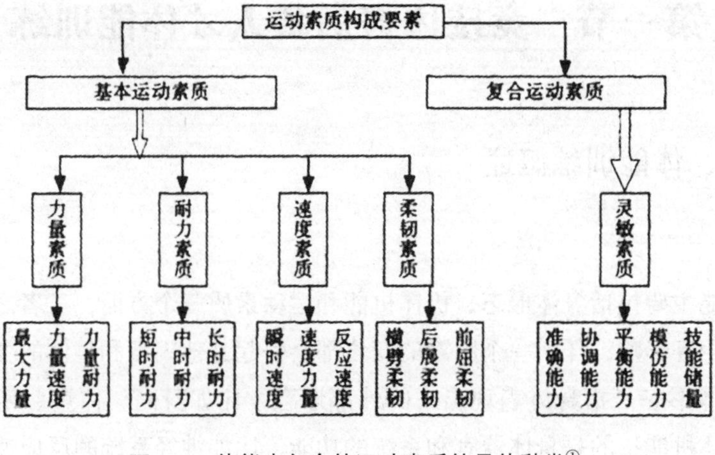

图7-1 体能中包含的运动素质的具体种类[①]

---

① 杨卓.现代运动训练内容分析与创新方法研究[M].北京：中国商务出版社，2017.

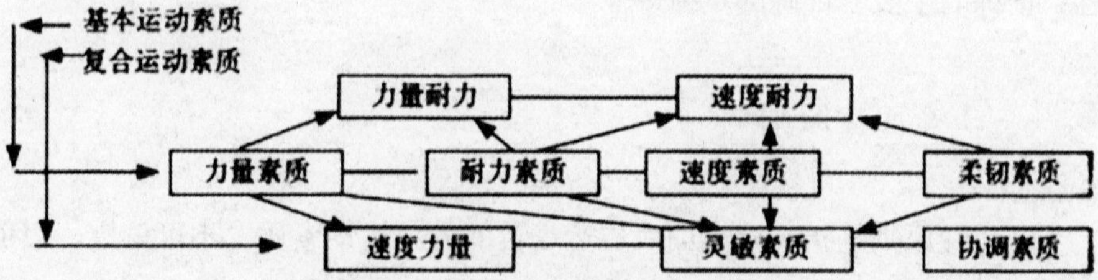

图7-2　各项运动素质之间的关系①

三、体能训练的基本原则

（一）结合实际原则

结合实际原则是指在对运动员进行体能训练时，要因人、因项、因时开展。其中，因人指的是制定体能训练计划要根据运动员的个人实际情况，比如运动员的个人身体基础、运动素质水平等；因项是指在制定体能训练计划的时候要根据运动专项的特点，以提高运动专项的技、战术水平和竞赛成绩为最终目的；因时是指在制定体能训练计划的时候，要结合训练发展的阶段和进程，根据之前的训练基础确定接下来的训练计划。

（二）系统训练原则

系统训练原则是指在整个体能训练的过程中，都应该遵循体能发展的内在规律，合理规划训练的各个阶段，持续不断地进行训练。系统性原则体现在训练的各个方面，除了系统安排训练的各个阶段，还要系统安排训练的内

① 杨卓.现代运动训练内容分析与创新方法研究[M].北京：中国商务出版社，2017.

容、训练的手段、训练的负荷等。

（三）全面性原则

全面性原则是指应该全面发展运动员的各项运动素质，不可偏废，以促进运动员身体形态的改善，机能水平的提升，为发展运动专项的技术和战术、提高竞赛成绩打好基础。全面性原则多被运用于儿童和青少年训练时期，此时的训练偏重于培养运动员的基础竞技能力。随着训练的发展，对运动员基础竞技能力训练的比重会逐渐减少，但是这种训练会一直贯穿运动训练的始终。

（四）与运动专项相结合原则

与运动专项相结合原则是指，体能训练要在全面发展运动素质的基础上，结合运动专项的特点，重点培养有助于运动专项技术和战术发展的运动素质。体能训练是发展运动技术和战术的基础，而运动技术、战术水平是决定运动成绩的关键，因此要将体能训练与发展运动技术和战术相结合，使运动员在身体形态和机体机能方面对该运动项目的特殊要求产生适应，以促进运动员竞技成绩的提高。此外，当今许多运动项目的运动员正在朝着越来越年轻化的方向发展，这也就意味着留给专门的体能训练的时间正在减少，因此不得不将体能训练和运动专项相结合，使两者同时发展。

四、体能训练的意义

（一）为技战术水平和竞技成绩的提高提供条件

体能训练的作用是促进运动员机体内各个器官系统功能协调发展，使得机体具备从事运动专项的能力。运动专项的技术和战术都是在体能训练的基础上发展起来的，比如长跑运动是一项典型的对耐力素质要求更高的运动项目，所以想要发展长跑运动的技术和战术，提高长跑项目的竞技成绩，首先就要在体能训练中重点发展耐力素质；而举重运动是一项对力量素质、爆发力都要求较高的运动项目，就要在体能训练中重点发展力量素质和爆发力才能保证举重技术、战术水平和竞技成绩的提升。体能训练是发展各项运动技术和战术的基础，只有真正做好体能训练才能实现技战术水平和竞技成绩的提高。

（二）为运动员在赛场上保持良好的心态提供保障

心态是决定竞技成绩的重要因素之一，能够对运动员竞技技术和战术的发挥产生重要的影响，并且在现代的竞技比赛中产生着越来越重要的作用。而良好的体能水平一方面为竞技技术和战术的发展提供了优势条件，另一方面也为运动员在激烈的比赛中正常发挥技术和战术提供了充足的能量支持。良好的体能条件是运动员的重大优势之一，有助于运动员形成自信心，使运动员在比赛中保持良好的心态。以2002年的韩日世界杯为例，韩国队之所以能够战胜葡萄牙、意大利和西班牙三个实力强悍的队伍，其运动员超强的体能功不可没。

（三）有助于预防伤病，延长运动寿命

体能训练能够有效改善人体内脏器官，特别是心血管系统和呼吸系统的机能；能够增强骨骼、肌肉、关节、韧带等运动器官的功能；还能够有效提升中枢神经系统的机能；对于克服人体生物惰性，促进新陈代谢也具有重要的作用。体能训练对人体各项功能的改善，有助于提高机体对外界的适应能力和抵抗能力，因此能够帮助运动员在运动训练中预防伤病，延长运动员的运动寿命。

五、体能训练的具体内容

（一）力量素质训练

1. 力量素质概述

力量素质是指人体肌肉在工作时克服阻力的能力。其中，肌肉工作时克服的阻力包括外部阻力和内部阻力两种，外部阻力是指物体的重量（如举重运动员需要举起的哑铃的重量）、摩擦力、空气阻力等；内部阻力是指肌肉的肌肉的黏滞性、肌肉之间的对抗性等，这主要来源于运动器官的结构，如骨骼、关节囊、筋膜等组织的阻力。

最大力量是指肌肉通过最大随意收缩去克服最大阻力时表现出来的最高力值。最大力量不受体重因素的影响。运动员的最大力量是发展其他力量的基础，能够在一定程度上决定其他力量的上限，比如运动员的最大力量能够在一定程度上决定其速度力量的发展水平等。

相对力量是指运动员每千克体重所具有的最大力量。其计算公式为：相对力量=最大力量/体重（KG）。也就是说，当一位运动员的最大力量不变时，其体重增加，则相对力量变小。体操、跳高等运动项目对运动员相对力量的要求较高，要求运动员一方面具备加大的绝对力量，另一方面又必须将体重控制在一定的范围之内。

速度力量是指肌肉快速克服最小阻力的能力，是对速度和力量结合能力的一种考察。

爆发力也是一种常见的力量形式，它是指肌肉以最快的速度克服阻力的能力。爆发力具有专门的评价指数，其公示为：爆发力指数=最大力量/最短时间。

此外，常见的力量形式还包括起动力和反应力两种，其中起动力是指在最短时间内用最快速度发挥下肢肌肉力量的能力；反应力是指肌肉被拉长时又迅速缩短的能力

2. 力量训练的主要方法

（1）负重抗阻练习，是指将杠铃、哑铃等作为运动工具，通过负重的手段达到训练肌肉的目的。这种训练手段的优势在于可以锻炼身体任何一个部

位的肌肉，是一种最常用的力量锻炼手段。

（2）对抗性练习，是指双方以对抗的形式进行顶、推、拉等动作，以进行肌肉锻炼。这种训练手段的优势在于，对抗双方的互动能够增加训练的乐趣，激发运动员的训练热情。

（3）克服弹性物体的练习，是指将拉力器、橡皮带等作为训练工具，依靠弹性物体变形产生的阻力发展力量素质的训练手段。

（4）利用力量训练器械练习，运动员在使用专业的力量训练器材进行力量训练时，能够采用坐、卧、立等姿势，有针对性地发展自己所需要的肌肉力量，能够在很大程度上提升训练的效果。

（5）克服外部环境阻力的练习，是指将沙地、草地等地方作为力量训练场所的训练手段。

（6）克服自身体重的练习，如引体向上练习、倒立推起练习等。这种练习是由四肢的远端支撑完成的练习，迫使机体局部承受体重，使机体局部部位的力量得到发展。

（7）电刺激，用电刺激发展力量能力，将电极分贝放在需要进行训练的肌肉的两端，以电流穿过时肌肉不会感到痛苦为适宜位置。经过电流刺激后，肌肉体积不会发生明显变化，但是脂肪的含量会有所减少，所以肌肉的力量会有所提升。

3. 力量素质训练的基本要求

（1）注意不同肌群力量的全面发展

根据运动专项的要求，在发展大肌群和主要肌群力量的同时，也要兼顾发展小肌肉群、远端肌肉群、深部肌肉群的力量素质。

（2）选择有效的训练手段

在分析训练任务要求的基础上，选择与之相对应的训练手段。以发展股四头肌为例，可以进行负重半蹲起练习。

（3）处理好负荷和恢复之间的关系

①负荷的增加应该按照体能训练的发展规律，遵循循序渐进的原则，从小到大逐渐增大。

②在小周期训练中，应使各种不同性质的力量素质训练交替进行。例如，每周星期一、三、五可安排发展爆发力或者最大力量为主的训练。

③在运用重复练习的方法进行力量训练时，要注意合理安排每组训练之间的休息时间，可以将训练的阶段、运动员的机能水平等因素作为依据。

④在力量训练后需要注意肌肉的放松。力量训练之后，运动员往往会出现肌肉酸胀的情况，其原因是训练导致的肌纤维增粗，肌纤维增粗是力量增长的必然结果。但是如果运动员一直处于这种肌肉酸胀的状态之中，可能会导致机体能量消耗的增多，肌肉的疲劳，和对肌肉弹性造成损伤，因此要在力量训练之后及时采用手段对肌肉进行放松。按摩、理疗等，都是非常有效的肌肉放松手段。

（4）注意激发运动员参加力量训练的热情

肌肉力量的大小受到中枢神经系统发射的神经冲动的强度的影响。中枢神经系统发射的神经冲动的强度越大，肌纤维参与工作的数量越多，冲动越集中，运动单位工作的同步化程度也就越高，肌肉表现出来的力量也就越大；反之，当中枢神经系统发射的神经冲动的强度越小，则肌肉表现出来的力量也就相对较小。因此，在力量训练中采取各种形式的手段激发运动员的训练热情，有利于加大运动员中枢神经系统发射神经冲动的强度，从而提高力量训练的效果。

（二）速度素质训练

1.速度素质概述

速度素质是指人体或者人体的某个部分快速运动的能力。速度素质可以被大致分成反应速度、动作速度和位移速度三个类型。

（1）反应速度

反应速度是指人体对各种信号刺激快速应答的能力，即人体对各种刺激发生反应的快慢。根据复杂程度，又可以将反应速度分成简单反应和复杂反应两种。其中，简单反应是指用一种事先规定的动作对单一信号做出的反应，复杂反应是指对运动中客体变化所作出的选择反应。比如，运动员对裁判员所发出的开跑指令做出的反应为简单反应，而对对方运动员进球行为所做出的反应为复杂反应。

（2）动作速度

动作速度是指人体或者人体的某一部分快速完成某个动作的能力。动作速度的评价指标包括时间和频率两种，前者是指完成单个动作或者成套动作所用的时间的长短，后者是指在单位时间内完成的动作数量。

（3）位移速度

位移速度是指人体在特定方向上发生位移的速度，位移速度的评价指标也包括两种，一种是通过一定距离所用的时间的长短，另外一种是单位时间内所通过的距离的长短。值得一提的是，良好的位移速度能力并不代表着良好的反应速度，比如在1980年莫斯科奥运会100米赛跑决赛中,艾伦·威尔斯的位移速度在8位选手中是最慢的,但是却取得了比赛的冠军，而另一位位移速度最快的选手却没有获得冠军。

2. 速度训练的主要方法

（1）外力训练方法

外力训练方法是指在速度训练的过程中，运动员借助牵引力、顺风力、重力等外力进行训练的训练方法，具体内容包括牵引跑、顺风跑、下坡跑等。外力训练法具有以下几点优势：

①有助于借助外力提高动作的幅度和频率，使肌肉形成快速运动的肌肉记忆；

②有助于使运动员在心理上形成运动的速度感，强化速度训练中快速运动的动作意识；

③有助于克服速度障碍，使运动员能够较快度过速度训练中的高原期状态；

④有助于神经中枢在肌肉的快速收缩中提高其对肌肉的控制能力和反应速度。

但是外力训练法也存在一定的弊端，经常使用该方法容易导致运动员忽视对运动技术的运用，导致运动技术的衰退，因此只能在短期内穿插使用该方法。

（2）比赛训练方法

比赛训练方法是指在近似、模拟或者真实、严格的比赛条件下，按照比赛规则和方式，以提高训练质量为目的的训练方法。比赛训练方法具有以下几点优势：

①可以最大限度地调动人体生理、心理能量，使机体处于高度应激准备

状态，对于充分发挥体能作用具有十分重要的意义；

②有助于锻炼神经系统兴奋和抑制的转换能力，提高肌肉控制神经活动的准确性和灵活性；

③可以帮助机体形成与比赛环境相适应的内环境状态，并产生与之相适应的深刻反映。

比赛训练法同样存在一定的弊端，类似于真实比赛的训练环境容易使运动员产生一定的紧张心理，过于频繁使用这种方法可能会导致运动员对速度训练产生心理障碍，尤其是对初级运动员进行速度训练尽量避免使用比赛训练法，以防给其造成心理压力。

3. 速度素质训练的基本要求

速度素质训练对运动员的训练状态要求比较高，一般会被安排在训练课程的前半部分，此时运动员的情绪通常比较高昂，兴奋程度比较高，体力也比较充足。速度素质训练需要和运动专项的要求相结合，比如短跑运动需要运动员快速对裁判员发出的指令做出反应，所以在对短跑运动员进行速度素质训练的时候要注意培养其对听力的反应速度；而足球运动需要足球运动员对观察到的对手做出的行为快速做出相应反应，所以在对足球运动员进行速度素质训练的时候需要注意培养其对视觉的反应速度。

当运动员的速度素质发展到一定水平的时候，可能会在一段时间内出现速度难以继续发展、速度水平停滞不前的现象，这种现象被称为“速度障碍”。产生速度障碍的原因是多种多样的，客观原因一般有：由于技能动力定型的形成，运动员技术动作的空间时间特征都趋于稳定；运动员的运动能力已经发展到一定的水平，神经系统和肌肉反应能力继续突破的难度更高；主观原因一般有：没有把控好合适的训练负荷；训练后的恢复不到位；训练手法单一，难以产生新的刺激；技术动作不合理，等等。当出现“速度障碍”的时候，人们一般会采用顺风跑、变速跑、牵引跑等方式尝试突破障碍。

（三）耐力素质训练

1. 耐力素质概述

耐力素质是指有机体在长时间活动过程中克服疲劳的能力。耐力素质是评价运动能力的重要指标之一，它包含机体机能和心理素质两个方面的内容。发展耐力素质对人体具有重要意义，对于身体来说，耐力素质的提高意味着体质增强，心肺功能提升，抗疲劳能力改善；对于心理来说，耐力素质的提高意味着意志更加坚强，形成顽强拼搏的品质，无论是对运动训练还是日常生活都意义重大。

从不同的角度，我们可以将耐力素质分成不同的类型。

（1）训练学角度

从训练学的角度我们可以将耐力素质划分成一般耐力和专项耐力两种。前者是指机体器官系统长时间协调工作的能力；后者是指机体长时间承受专项负荷的工作能力。专项耐力素质是在一般耐力素质的基础上发展起来的。

（2）肌肉工作方式角度

从肌肉工作方式的角度对耐力素质进行划分，可以将其分成静力性耐力和动力性耐力两种。前者是指机体长时间保持静力性肌肉工作的能力；后者是指机体长时间保持动力性肌肉工作的能力。

（3）能量供应角度

按照运动时为机体提供能量的系统不同，可以将耐力素质划分为有氧耐力和无氧耐力两种。前者是指机体长时间保持有氧工作的能力；后者是指机体长时间在氧气供应不足的情况下保持工作的能力。

2. 耐力素质训练的主要方法

（1）重复训练方法

重复训练法是指保持动作结构和负荷不变，反复多次进行练习的练习方法。重复训练法具有以下特点：

①每次重复训练持续的时间较短，对中间的间隔时间没有严格的要求，以能够保证下次重复训练的正常进行为准；

②练习的内容为同样的动作结构和负荷；

③重复训练法能够有效提升体内ATP、CP和肌糖原的含量，有助于形成超量恢复；

④能够有效提升长时耐力水平。

（2）持续训练方法

持续训练方法是指运动员在保持恒定的运动强度的情况下，长时间持续进行训练的训练方法。持续训练法具有以下特点：

①有助于增加体内游离脂肪酸的含量，为有氧代谢提供了更多数量的代谢物质；

②在负荷时间长时耐力等级为Ⅰ、Ⅱ级范围内，将训练的负荷强度设置为165次/分，有助于提升体内糖原的储备量和肌糖原的代谢水平，并且能够有效改善心血管系统的功能；

③当负荷时间为长时耐力Ⅲ级时，将训练的负荷强度设置为150次/分，能够有效改善人体心血管系统的功能，并且能够提高脂肪的代谢水平。

（3）间歇训练方法

间歇训练方法是指在条件相对固定的情况下，按照严格的间歇时间进行重复练习的训练方法。间歇训练法具有以下特点：

①能够有效提高中时间的耐力水平；

②运动之后心率恢复到120次/分所需要用的时间就是设置的间歇时间，每次休息都要严格按照规定的间歇时间进行；

③能够有效提升心肌收缩功能，提高肌肉的输血能力；

④较高强度负荷下，通过分段持续负荷和不断缩短间歇时间的方法，可以有效提高专项耐力水平。

但是间歇训练方法也存在一定的弊端，比如训练时候的负荷比较难以掌握；不能过多对初级运动员使用等。

3. 耐力素质训练的基本要求

（1）饮食要求

进食时间和训练时间之间至少相隔30分钟，最佳相隔时间为1小时。训练之前要适当控制进食量，不可过多，但是也不能空腹进行运动，容易导致低血糖，并且尽量避免吃一些粗纤维、不易消化的食物，容易造成肠胃损伤。根据耐力素质训练的能量需求，可以在训练之前的饮食中适当增加蛋白质和脂肪的量。

（2）热身运动

训练开始之前的热身运动是十分必要的，能够将身体从安静状态唤醒，使体温逐渐升高，提升神经系统的兴奋度，使机体各器官和各系统进入运动准备状态，能够有效避免运动损伤，提升训练的效率。耐力素质训练之前的热身运动应该保持在20分钟以上，运动的激烈程度不必过高，要使全身各个部位都得到锻炼。

（3）合理确定运动负荷

心率能够显示负荷强度，并且能够反映运动时机体的供能状况，因此可以通过心率确定运动负荷，通过测量自己的脉搏跳动速度能够确定心率。当心率为150次/分的时候，由有氧供能系统为机体运动提供能量；当心率为160分次/分—180次/分的时候，由有氧系统和无氧系统共同为机体运动提供能量；当心率为180次/分的时候，由无氧系统为机体运动提供能量。

（4）具备较高的意志品质

耐力素质训练的目的是提升机体克服运动过程中产生的疲劳的能力，因此在训练过程中会施加一定的负荷，运动员只有克服意志上的障碍，坚持到底，才能实现耐力素质的发展。所以在进行耐力素质训练之前要采用各种方法和措施为运动员做好心理建设，提高运动员的意志水平，激发运动员坚持训练、克服困难的内在驱动力。

第二节　竞技体育后备人才心理训练

一、放松训练

（一）放松训练概述

1. 放松训练的概念

放松训练是指通过一定的暗示语言将人的注意力集中，调节人的呼吸，使其充分放松肌肉，从而对神经中枢系统的兴奋性进行调节的一种心理训练方法。

2. 放松训练的特点

（1）完全将注意力集中到暗示语言上。

（2）进行节奏缓慢、呼气程度较深的腹式呼吸。

（3）在脑海中想象出逼真、清晰、带有色彩的形象。

（4）仔细感受肌肉从紧张到放松的过程。

3. 放松训练的主要作用

（1）通过降低中枢神经系统的兴奋程度使人得到放松。

（2）减少机体因为精神紧张而造成的过度能量消耗，一方面能够使人获得放松和休息，另一方面有助于疲劳恢复。

（3）为发展其他心理技能创造了良好的心理条件。

（二）放松训练的主要方法

1. 呼吸放松法

（1）将所有的注意力全部集中到鼻子上，细致感受整个呼吸的过程；

（2）深吸一口气，吸气的过程中在心中慢慢默念5个数；

（3）屏住呼吸的同时也在心中慢慢默念5个数；

（4）通过鼻腔缓慢地呼气，呼气的同时在心中慢慢默念5个数；

（5）将以上整个过程完整重复10次。

2. 视觉放松法

（1）以一种充分放松的坐姿坐下，保证自己的目光范围之内至少有四种物品；

（2）将视线集中到第一件物品上，维持10秒钟的时间，并在这个过程中用宁静、缓慢的声音在口中默念“放…松…”；

（3）将视线移动到第二件物品上，维持10秒钟的时间，并在这个过程中用宁静、缓慢的声音在口中默念“放…松…”；

（4）将视线移动到第三件物品上，维持10秒钟的时间，并在这个过程中用宁静、缓慢的声音在口中默念“放…松…”；

（5）将视线移动到第五件物品上，维持10秒钟的时间，并在这个过程中用宁静、缓慢的声音在口中默念“放…松…”；

（6）将以上整个过程完整重复10次。

（三）放松训练的基本要求

1. 注意观察运动员的反应

在进行放松训练的过程中应该密切观察运动员的反应，如果运动员出现肌肉紧张、身体乱动、眼神飘忽不定等状况，则说明其并没有完全进入放松状态。这个时候负责放松训练的人员应该找出训练不成功的根源，了解运动员无法完全进入放松状态的原因，及时对训练的方法或者训练的节奏等进行调整。

2. 注意采用多样的训练方法

在放松训练的过程中，注意采用多样的训练方法，一方面可以帮助运动员找到最合适自己的训练方法，另一方面也有助于提升训练的趣味性，激发运动员的训练热情。此外，还可以让运动员自行创造最适合自己的训练方式，不必拘泥于原有的方法，只要能够使自己快速进入放松状态的训练方式均可以采用。

3. 注意安排合适的训练时间

想要取得理想的训练效果，合适的训练时间非常重要。在刚开始对运动员进行放松训练时，运动员进入放松状态的速度会比较缓慢，因此刚开始时应该设置较长的训练时间。此外，为了使运动员在较短的时间内快速形成感觉记忆，两次训练之间的间隔时间应该尽量较短。在运动员已经对放松训练比较熟悉时，设置的训练时间应该有所缩短，两次训练之间的时间间隔也应当拉长。

二、呼吸调节

（一）呼吸调节概述

呼吸调节是指有意识地对呼吸的节奏和深度进行调节，从而达到调控心理状态的目的的心理训练方法。呼吸调节是一种简便有效的心理调节方式，能够有效改善我们的焦虑、紧张心理。一般来说，当人们在吸气和屏气的时候，肌肉会处于紧张状态；当人们在呼气的时候，肌肉会处于放松状态。

（二）呼吸调节的方法

1. 日常呼吸控制的练习

（1）用鼻子缓慢的深吸气，使空气充满整个腹腔，在吸气过程中感受身体的升高，整个吸气的过程持续4—5秒钟的时间；

（2）用嘴巴缓慢地呼气，呼气过程中注意感受身体逐渐回落，同时感受手臂和肩部肌肉正在渐渐放松下来，整个呼气的过程大概持续8—10秒钟的时间。

2. 腹式呼吸训练

（1）坐姿：自然端正坐在椅子上，背部挺直，胸腔稍微内含，肩膀自然下沉，脖子挺立，头部虚悬而无需用力。双眼自然闭合，可以将嘴巴微闭用鼻子呼吸，也可以选择用嘴巴呼吸；

（2）腹式呼吸需要遵循“悠”“匀”“细”“缓”四个要领。其中，“悠”是指吸气和呼气的时间要长，尽量使气体在体内经过较长的路线；“匀”是指呼吸要保持一定的节奏，呼气和吸气之间要有自然的过渡；“细”是指吞吐的气量要比较小，有助于机体充分吸收氧气，排除二氧化碳；“缓”是指呼吸的速度要慢，用力要柔和，有助于机体的放松和气体代谢。

3. 瑜伽呼吸控制法

（1）将自己置于一个安静并且能供自己自由伸展肢体的空间；

（2）身体自然放松地站立在地面上，双腿微微分开，脚尖朝前，两脚之间的距离小于肩宽；

（3）轻轻吸气，同时将右手臂缓缓抬高，并且尽量向高处伸展；

（4）轻轻呼气，保持手臂位置不变的同时身体向右侧弯曲，使身体从右指尖到右脚形成一条优美的弧线；

（5）将这个姿势持续至少30秒钟的时间，并在这个过程中有节奏地进行呼吸；

（6）注意在这个过程中始终目视前方；膝盖和上肢肘关节都要保持伸直的状态；

（7）换方向重复以上步骤。

三、注意集中

（一）注意集中概述

1. 影响注意集中的因素

运动员的注意力集中情况受到人类大脑和比赛两个方面的影响。就大脑的工作原理来说，注意专注能力依赖于人的动机水平和特定事件/刺激的强度或者重要性。一般来说，刺激的强度越大，则人们所需要的维持注意专注的动机水平就越低；而刺激的强度越小，则维持专注状态所需的动机水平就越高。从比赛的角度上说，比赛过程中的对手、观众、比赛的环境等都会对运动员的专注度造成影响。

2. 注意集中的分类

可以根据注意的广度和指向对其进行分类，具体分类内容如表7–1所示。

表7–1　注意集中的类型[①]

注意宽度	注意指向	
	外部注意	内部注意
宽阔注意	一般被用在需要运动员快速进入某种情境的情况中，比如比赛双方在赛场上进行位置交换。	一般被用在分习和计划中，比如针对一名实力很强的对手时分析其技战术特点，计划对策。

① 张忠秋.优秀运动员心理训练实用指南[M].北京：人民体育出版社，2007.

注意宽度	注意指向	
	外部注意	内部注意
狭窄注意	一般被用在运动员在操作的同时关注一两个操作之外的信息的情况中，比如关注赛场上人员位置的变化等。	一般被用在头脑中对演练即将进行的比赛或者控制情绪状态，比如在头脑中进行动作演练之前先进行深呼吸，使自己放松下来，头脑更加清晰。

（二）注意集中的方法

1. 记忆练习

（1）将自己置于一个安静、昏暗的空间内，仰面躺下，双眼微微闭合；

（2）在脑海中想象出一个温暖柔软的黑色屏幕，然后继续想象在这个黑色幕布上出现了一个边长大概为12英寸的白色方块，并且这个白色方块距离自己的距离大概为1尺；

（3）集中注意力进行想象，使白色方块的位置逐渐固定下来，并且越来越清晰；

（4）继续想象，使白色方块上再出现一个黑色的圆圈，将全部注意力都集中到这个黑色圆圈上，直到整个图案消失，之后快速在脑海中回忆所有出现的图案。

这种训练方法不仅能够激发运动员的想象力、帮助运动员集中注意力，对图像的回忆还能够帮助提高运动员的记忆能力。

2. 秒表练习

（1）将视线集中在秒表上，观察秒表指针的转动，先将观察的时间设置为1分钟，如果1分钟之内视线完全没有转移，则继续增加观察的时间；

（2）将最终观察持续的时间作为练习时间，重复进行练习，练习次数为3—4次；

（3）2次练习之间的时间间隔在10—15秒。

经常进行秒表练习对提升注意力的集中水平很有帮助。

3. 五角星练习

（1）剪一块黑色方形纸板，纸板的边长大概在15英寸左右。再剪一个宽度大概为8英寸的白色五角星，并将白色五角星置于黑色方形纸板的正中间；

（2）找一块干净、宽敞的墙面，将纸板置于墙上，自己在离墙面大约3英尺的地方坐下，使自己进入放松状态；

（3）闭合双眼，想象出一块黑色的屏幕，然后睁开眼睛，将视线集中在五角星上，持续观察五角星2分钟之后移开视线，这时候会发现墙面上出现了一个虚幻的五角星图案；

（4）重新闭合双眼，在脑海中想象自己在墙上看见的五角星虚像。

五角星练习也是提高注意力集中水平的有效方式。

第三节　竞技体育后备人才智力训练

一、运动智力能力内涵

运动智力能力是指运动员在一般能力的基础上，综合运用各个学科知识，参加运动训练和比赛的能力。运动智力能力是运动能力的重要组成部分，对于运动能力和运动成绩具有重要的影响。运动智力能力主要包括以下几个方面的内涵：

（1）从运动智力能力自身性质的角度来说，运动智力能力就是人们从运动实践中获得的感性认识、理性认识，以及从运动理论中获得的运动知识的总和。一方面，人们在实践中形成感性认识和理性认识，并将这些知识进行总结归纳，最终形成理论知识；另一方面，来自各学科的理论知识又被运用到实践中去，指导人们的实践，指导运动员在运动实践中取得理想的运动成绩。

（2）从运动智力能力的来源上说，运动智力能力的来源具有多样化的特点。一般其来源包括教练的教导，体育理论知识，其他学科的理论知识，运动员在运动实践中获得的感性认识和理性认识。

（3）从运动智力能力的运用方式上说，只有采取科学合理的使用方式，运动智力能力才能完全发挥其价值和作用，帮助运动员提高运动能力和竞赛成绩。比如人们将生物学与医学的理论知识和运动实践相结合，为运动员提供合理的营养结构、制定合理的伤病预防和治疗方案等，为运动员运动能力和运动成绩的提升制造了有利的条件。

二、智力训练的意义

（一）有利于提高运动训练的质量

良好的运动智能意味着运动员具备较高水平的理论知识，掌握的训练方法更多或者更加深刻，对运动专项的动作、技术特点有着更加深入的认识，对运动专项发展规律的掌握更加准确。所以，运动智力能力水平较高的运动员，在运动训练中能够快速读懂教练的指令，并且借助自己的智力能力优势，在较短的时间内更好地掌握训练内容，取得更好的训练效果，提升训练的质量。

（二）有利于提高运动员的比赛成绩

运动智力能力较高的运动员能够在较短的时间内掌握专项运动的动作和技术，并且能够对其形成较为深刻的认识和理解；能够准确理解并灵活运用运动战术；能够合理调控自己的心理状态，促使自己以高昂的情绪和平稳的心态参加运动训练和比赛。因此，较高的智力能力既能在运动训练过程中就保证运动员的训练效果，又能在比赛过程中保证运动员的正常或超常发挥，自然而然有助于提高运动员的比赛成绩。

（三）有利于促进运动员的全面发展

运动员参加运动训练和比赛的时间一般为青少年时期，这个时期也是他们身心快速发展的阶段。如果只对运动员进行运动动作、技术和战术上的训练，而轻视对他们的智力培养，不仅不利于他们运动能力的提升，还有可能会导致其智能和思想出现问题，发展出有缺陷的不健全人格。因此，培养运动员的智力能力十分必要，不仅是提升运动员运动能力和比赛成绩的必然要求，也是促进运动员全面发展的必要环节。

（四）有助于运动员适应社会生活

运动员的职业生命非常短暂，在结束运动生涯之后他们势必要进入社会生活。而现代社会的大多数职业对智能的要求要远远高于对体能的要求，也就是说运动员能否顺利适应社会生活在很大程度上取决于他们的智能水平。所以在运动训练的过程中对运动员进行智能培养十分必要，不仅是为了促进运动员运动能力和竞赛成绩的提高，也是为了帮助运动员在退役之后能够适应社会生活做打算。

三、智力训练的要求

（1）要将智力训练贯穿到运动训练的整个过程，根据运动员每个阶段的发展特点，系统地制定智力训练计划。

（2）要让运动员充分认识到学习理论知识和发展运动技能的重要性，激发他们进行智能训练的自觉性和积极性。

（3）在对运动员进行智能训练的过程中要注重运动员的个性化特点，根据运动员的文化水平、年龄等特点为其制定合理的智力训练计划。

（4）运动智能包含多学科的理论知识，除了教练之外还要为运动员配备专业学科的人员，如医生、营养师等，为运动员提供专业的指导。

（5）制定合理的运动智能考核和评价机制，及时反馈运动员智力能力的发展状况，为制定下一步的训练计划提供依据。

四、智力训练的主要方法

（一）提高运动员的专业理论知识水平

从学习方法的角度上说，首先，专业理论知识的学习和其他文化知识的学习具有共通性，专业理论知识的学习也可以采用教师讲解、自己自学、和同学进行交流、通过作业查漏补缺等方式展开。但是运动专业理论知识的学习又具有其独特性，即理论知识的学习要和运动实践结合。运动员要认真对待运动实践，一方面可以将自己在理论知识学习中不理解的问题带到运动实践中，通过运动实践寻找问题的答案；另一方面也可以对运动实践进行记录、总结，在运动实践中发现问题、获得理论知识。

从学习内容的角度上说，想要提高专业理论知识的水平，除了需要学习运动专项的理论知识之外，还要注重学习其他相关学科的知识，比如与运动专项相关的人体生物学知识、医学知识、营养学知识等。

（二）提高运动员对专业理论知识的运用水平

首先，运动员想要提高理论知识的运用水平，必须要明确理论知识的用途，并有意识地在运动实践过程中使用理论知识，以锻炼自己使用理论知识的能力，提高运动理论知识的运用水平。

其次，要学会根据运动实践寻找理论知识。根据训练实践的需要，去寻找相关的理论知识，学习并掌握该理论，并将该理论知识运用到训练实践中，提高自己运用理论知识的水平。

理论知识和训练实践具有相互促进的作用，在学习理论知识的过程中明确其用途并将其付诸实践，有助于加深理论知识的理解和记忆；根据训练实践的需要学习理论知识，能够增强学习的目的性，提升学习的效果。将理论知识的学习和训练实践相结合，对于提升理论知识的运用水平具有重要意义。

第八章　竞技体育后备人才核心竞技能力训练探索

竞技体育后备人才的竞技能力体系中，体能、心智能属于基础能力，技术能力和战术能力属于核心技能，技战术能力水平对竞技能力的整体水平具有决定性影响。因此要特别重视技战术能力的训练。技术能力与战术能力关系密切，战术是基于技术而形成的，因此应在技术能力训练的基础上培养战术能力，并将技、战术能力训练有机结合起来，以全面提高核心技能能力，最终提高综合竞技能力。本章重点对竞技体育后备人才技术能力和战术能力的训练展开研究。

第一节　竞技运动技术与运动战术概述

一、运动技术概述

（一）运动技术的概念

运动技术是指符合人体运动科学原理，能充分发挥身体潜在能力，并能有效地完成动作的合理方法。所谓“有效”是指最经济并能最大限度地发挥人体潜在运动的能力。所谓“合理”是指所设计的完成动作的方法必须遵循人体运动的客观规律和运动生物力学的基本原理。①

（二）运动技术的动作要素

运动技术的动作要素是运动技术动作的重要构成因素。如图8-1所示。具体包括身体姿势、动作轨迹、动作时间、动作速度、动作速率、动作力量、动作节奏等。这些因素普遍存在于技术动作中。运动技术的动作要素分属空间特征、时间特征、时空特征、力量特征、时空力量特征等5类动作特征。前三种特征属于运动学特征；后两种特征属于动力学特征。运动学和动作学也是运动技术的两个重要特征。

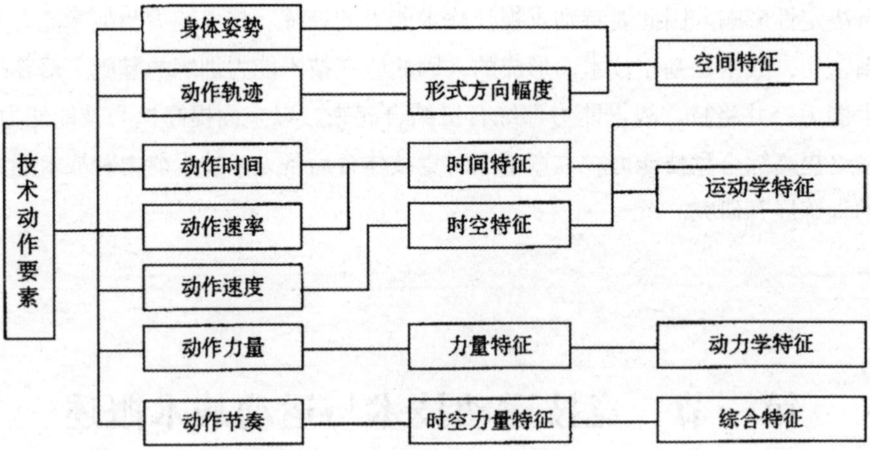

图8-1 运动技术的动作要素②

---

① 王家宏，姚辉洲.运动训练[M].桂林：广西师范大学出版社，2009.

② 孙登科.运动训练学[M].北京：北京体育大学出版社，2006.

（三）运动技术分析

在运动技术训练中要注重培养运动员的技术诊断能力、评价能力及创新能力，而这都离不开动作技术分析的环节。动作技术分析的主要方法如图8-2所示。

1. 技术观察分析

技术观察分析是指教练员（或科研人员）在实践中观察和分析运动员完成技术动作的情况，可以直接进行现场观察分析，也可以借助视频、图片来间接观察分析。这种方法简单易行，被广泛使用。观察分析的准确度主要与教练员的知识水平、专业水平以及经验有关。

2. 技术力学分析

技术力学分析主要依据动力学和运动学来分析运动员的技术动作特征。采用这种方法对技术动作进行测量、计算，用精确数据进行分析，优点在于准确、可靠、说服力强，在科研或技术诊断中经常采用这一分析方法。

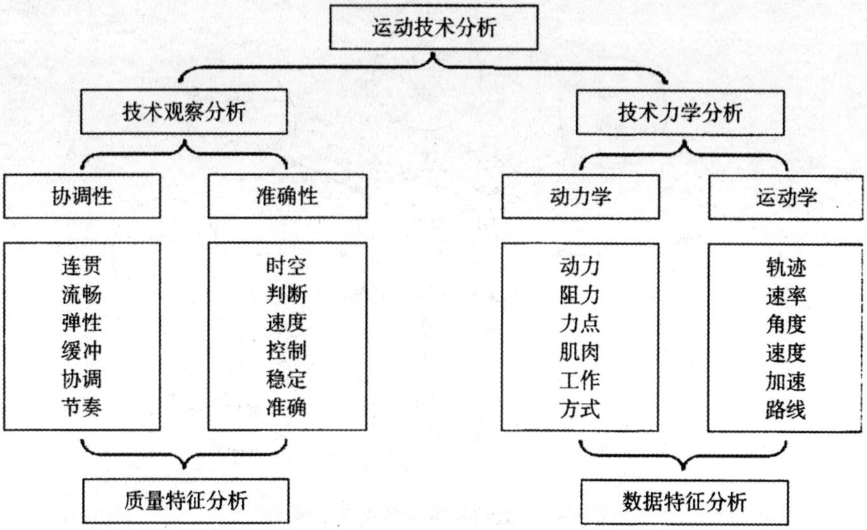

图8-2　运动技术分析方法①

① 胡亦海.竞技运动训练理论与方法[M].北京：人民体育出版社，2014.

（四）运动技术的形成

条件反射建立与巩固的神经学依据是运动技术形成的生理基础，动作技术的形成过程如图8–3所示。

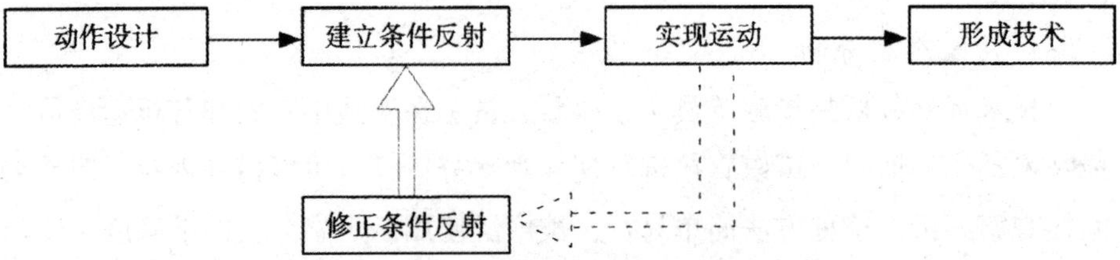

图8–3　运动技术的形成①

运动技术的形成需要一些条件的支持与支撑，运动技术的难度不同，形成的条件也不同，不管是主观条件，还是客观条件，都是如此。难度高的动作技术，其形成需要具备非常充分的条件。从难度角度而言，运动技术形成的条件因素如图8–4所示。

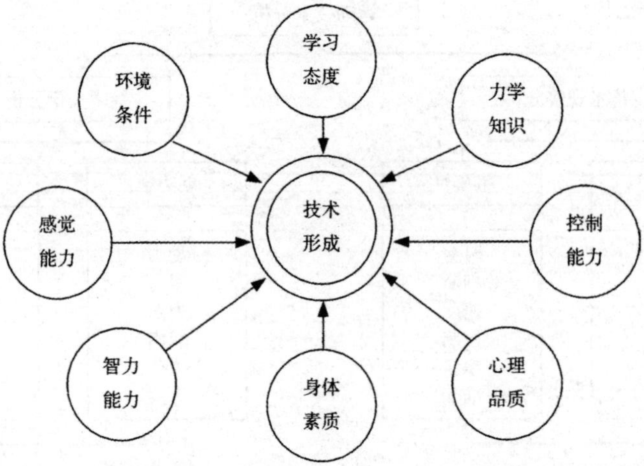

图8–4　运动技术形成的支持条件②

① 杨桦，李宗浩，池建.运动训练学导论[M].北京：北京体育大学出版社，2007.

② 杨桦，李宗浩，池建.运动训练学导论[M].北京：北京体育大学出版社，2007.

影响运动技术形成的主客观条件中，每个因素又由若干不同的因素组成，这就形成了运动技术学习过程中的条件网络系统。在该系统中，身体素质是非常重要的条件因素，其又包含许多因素，如力量素质、速度素质、平衡能力、协调能力、灵敏能力等，其中对技术形成影响较大的是身体协调能力，运动员能否掌握运动技术，并在实践中充分运用运动技术，直接受运动员协调能力的影响。实践证明，在基本技能训练或非专项技术训练中，要特别注意协调能力的训练。

二、运动战术概述

（一）运动战术的概念

运动战术是指运动员根据专项运动的竞赛规则，为战胜对手或取得理想成绩而采取的各种谋略和行动的总称。"谋略"指的是赛前预谋和临场策略；"行动"指的是贯彻"谋略"的行为方式。a从运动战术的概念来看，赛前的预谋、临场的计策与策略行动的实施是运动战术的主要内容。

（二）运动战术的组成要素

运动战术由运动战术基础、运动战术知识、运动战术原则、运动战术结构、运动战术意识、运动战术观念六大要素组成，这些也构成了运动战术训练的主要内容，如图8-5所示。

① 胡亦海.竞技运动训练理论与方法[M].北京：人民体育出版社，2014.

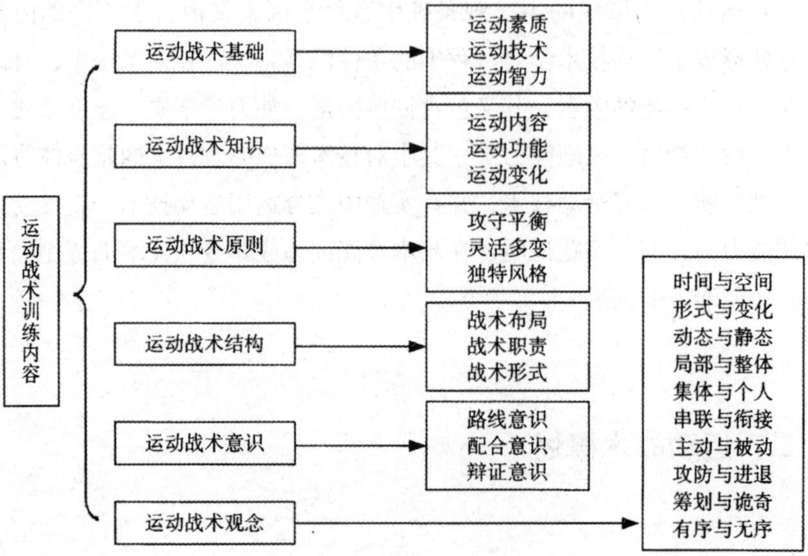

图8-5　运动战术的组成要素

（三）运动战术的分类

运动战术的常见分类方法有三种，如按运动员数量分类、按攻防性质分类以及按战术表现分类，分类依据不同，划分的类型也不同。运动战术的分类如图8-6所示。

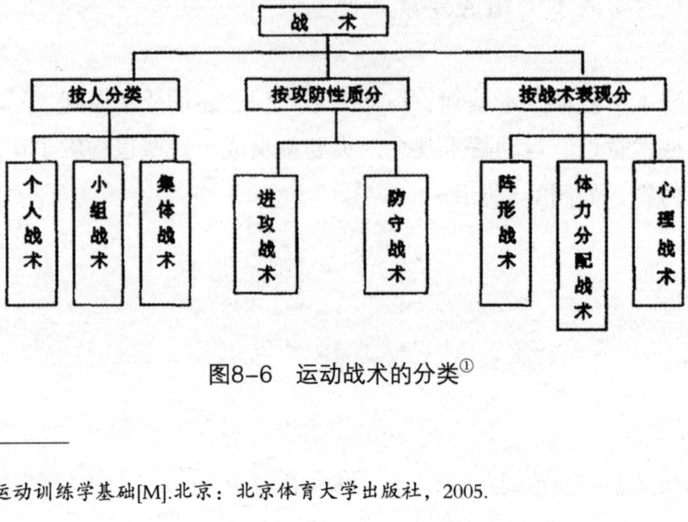

图8-6　运动战术的分类①

① 马冬梅.运动训练学基础[M].北京：北京体育大学出版社，2005.

第二节　竞技体育后备人才技术能力训练

技术能力是指运动员按照一定运动技术的方法完成动作的能力，运动员的技术能力不仅是外在的运动形式，而且更重要的是内在的运动感觉，不仅包括标准的运动过程，而且也允许具有符合个体条件的灵活和可变的运动特点。

一、竞技体育后备人才技术能力训练的任务

在竞技体育后备人才培养中，加强技术能力训练是为了增强后备人才的体质，提高其技术能力和运动水平。在这一目标下，确定了技术能力训练的以下几项基本任务。

第一，使后备人才将专项运动技术予以掌握，并不断熟练技术，完善技术，在比赛中灵活运用技术，将最佳运动能力充分发挥出来。

第二，对后备人才的协调能力进行培养。

第三，使后备人才对运动技术理论知识予以学习、掌握，自主分析运动技术，理解运动技术，提高其分析与理解力。

第四，对后备人才的顽强品质及道德精神予以培养。

在技术能力训练中要高质量地完成上述几项基本训练任务，每项任务都很重要，不能有所偏颇，否则会对后备人才的战术能力培养及整体竞技能力的提高产生不良影响。

二、竞技体育后备人才技术能力训练的实施

（一）技术能力训练的基础——协调能力训练

在体育运动中，人体各部分在时空层面上相互配合，从而将各个动作合理有序地加以完成的能力就是所谓的协调能力。在技术训练和实战比赛中，运动员技术动作的完成质量受自身身体协调能力的影响很大，因此在技术能力培养中要先抓好协调能力的训练工作。

1. 协调能力的训练要求

（1）对完整动作所提出的要求要复杂一些，对习惯动作提出的要求要严格一些，而且将重点放在局部特征上。

（2）要求习惯动作应在不习惯动作的配合下完成。

（3）对于已经形成的动作习惯，要制造外界干扰而迫使改变，从而在各种不利干扰下尽力保持动作的协调。

2. 协调能力训练手段

（1）对着镜子练习或专门做习惯动作的反方向练习。

（2）做各种不习惯的身体动作。

（3）对习惯动作的空间范围予以调整。

（4）对习惯动作的节奏、速度、力度进行调整，反复练习。

（5）将自己不习惯的动作组合起来进行练习，提高练习的难度。

（6）在习惯动作练习中根据信号进行变换练习。

（7）将徒手练习和器械练习结合起来，利用器械提高练习的复杂度和难度。

（8）复杂动作练习可采用游戏、比赛的方式去完成。

3. 协调能力训练的注意事项

（1）从后备人才的年龄特征出发设计符合其发育特征的练习方法。

（2）在练习中提示自己放松，避免肌肉过于紧张。

（3）在协调训练中对空间感知能力进行培养。

（4）在协调性训练中努力保持身体重心的平衡，协调与平衡是密不可分的。

（二）技术能力训练的阶段

竞技体育后备人才技术能力训练的过程其实就是学习和掌握技术动作，并在反复练习中不断熟练技术以及提高技术运用能力的过程。在这个完整的过程中，教练员作为执训者与训练对象（后备人才）之间进行若干回合的信息传递。从传播学的角度来看，竞技体育后备人才技术能力的训练中教练员和后备人才分别是信息的输出者和接收者，因此也可以说技术能力训练的过程就是不断传输信息和接收信息的过程，这个过程包含下列几个阶段。

（1）教练员通过语言法、直观法等方式传输信息，后备人才运用感觉器官接收信息，初步建立动作表象，模拟动作，如图8–7所示。

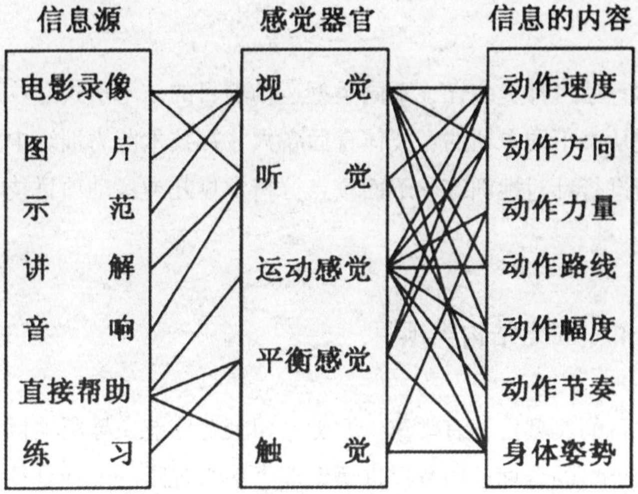

图8–7　技术训练中信息接收情况

（2）动作表象在大脑中初步形成后，大脑皮层将有关指令发送到运动器官，运动器官被激活，从而按指令完成动作。在训练初期，动作完成情况会与预定方案有一定的差距，需要在反复发送指令、按指令完成动作的练习中加以调节与完善。

（3）反馈、调整。在技术能力训练中，训练者自己的感知觉以及信息传递者传递的信息是反馈信息的两个主要来源。训练者接收反馈信息，在神经系统将自己的动作与预定方案作比较，发现差异，根据预定方案加以调整，然后再向运动器官发送指令，从而再次完成动作，不断接近预定方案，如此反复，运动技能逐渐形成与提高（图8–8）。

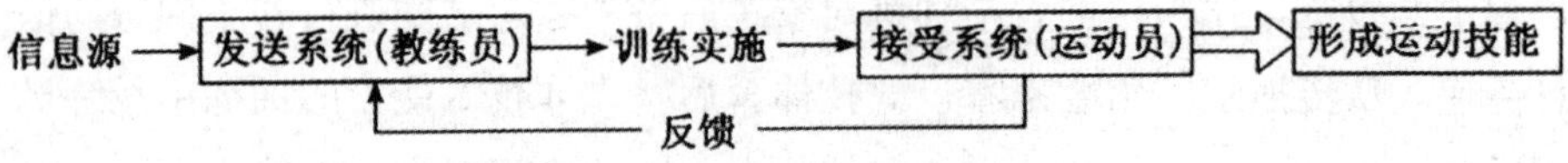

图8–8　信息传递与技能形成①

三、不同类型运动项目技术能力训练的要点

竞技体育项目种类多样，不同类型运动项目的技术形式、技术特点各有差异，因此从事不同专项的竞技体育后备人才在技术能力训练中要结合专项技术特征而进行针对性训练。下面重点分析常见几类运动项目技术能力训练的要点。

（一）单一固定结构类项目

这类项目的典型代表有举重、游泳、田径等体能主导类项目。在这类项目中，对内外力的合理运用以促进运动能力最大程度的发挥是技术的主要作用。在这类项目的技术能力训练中，后备人才要熟练掌握单一动作技能，在反复练习中达到运动技能形成的最终阶段——自动化阶段。由于这类项目的技术动作结构单一且固定，每个动作环节都是有序排列的，所以不可随意转变，要熟练一系列动作环节的先后完成顺序。虽然技术动作结构固定不变，但是在训练中可以结合后备人才的运动能力特长而突出其个人优势，形成个

① 王家宏，姚辉洲.运动训练[M].桂林：广西师范大学出版社，2009.

人风格，从而使其个性化的运动能力得到最大化的发挥。

在这类竞技体育项目中，由于体能因素最为突出，占据主导地位，因此要将一般体能训练、专项体能训练以及技术训练充分结合起来。以良好的体能素质做基础，提高技术动作的经济性、稳定性和有效性。

（二）多元固定组合结构类项目

这类竞技体育项目的主要代表有武术、体操等，它们是典型的表现难美类项目，这类项目的特点是技术复杂，有大量组合动作和成套动作，在训练中以成套动作训练为主，成套动作设计规格高，成套动作的编排难度和完成质量（准确、稳定、连贯、优美等）对比赛成绩有决定性影响。鉴于成套动作的重要性，在这类项目的技术训练中，要以基础单个技术动作为基础，以组合技术为过渡，以成套动作为重点，循序渐进地进行练习。比赛中的成套动作大都是已经明确规定的，或者从已有成套动作中自选，但都是已经编排好的动作，在难美类项目的技术能力培养中，对编排能力的培养不可忽视，后备人才要掌握基本的编排技巧和编排方法，能够从自身特点出发进行有创造性的个性化编排，

（三）多元变异组合结构类项目

这类项目的主要代表有篮球、足球、排球等球类运动项目，这些都是典型的对抗性运动。在这类项目中，技术的发挥效果受运动员力量、速度等运动素质的影响，而技术的运用又对战术效果有影响。所以在技术能力培养中建议将体能、技术以及战术充分结合起来。培养良好的一般体能和专项体能素质，提高技术运用的效果，从而达到预期的战术目的，提高获胜的概率。在球类技术能力训练中，要注意训练条件与环境应该接近比赛，以实战模拟对抗训练为主。

球类后备人才的技术能力包含了多方面的能力，如分析判断能力、预测与决策能力、注意力集中与分配能力，等等。这些都是技术能力训练的主要内容。将技术能力训练与战术能力训练结合起来，还要注意培养运动员的集

体配合能力，最终提高整个团队的技术能力和战术能力。

四、竞技体育后备人才技术能力训练的注意事项

（一）划分训练阶段，明确训练目标

在竞技体育后备人才技术能力训练中，要将人才培养的整个过程划分为不同的阶段，分阶段进行针对性训练，并明确各个阶段的训练目标，按照阶段训练目标安排各阶段的训练内容、训练方法。竞技体育后备人才技术训练的阶段划分见表8-1。从表中划分的阶段来看，在竞技体育后备人才培养中，从科学选材到培养出优秀的运动员经历了三个阶段，其中第二个阶段，也就是青少年训练阶段又划分了三个时期，各个时期面向的训练对象不同，训练年限也不同，因此训练目标、训练内容、训练方法等都有差异。从训练年限来看，青少年训练阶段在人才培养的整个过程中所占的时间最多，因此最为重要。要根据不同训练阶段的特点而合理安排安排技术训练的内容与方法，循序渐进地提升后备人才的技术能力。

表8-1　训练阶段的划分[a]

训练阶段	阶段划分		训练年限	估计年龄
1	基础培养		2—3年	4—6岁
2	青少年训练	基础训练	3.5年	7—9岁
		结构训练	3.5年	10—12岁
		过渡训练	5年	13—18岁
3	高水平训练		6—10年	＞18岁

① 陈小平.竞技运动训练实践发展的理论思考[M].北京：北京体育大学出版社，2008.

在竞技体育后备人才技术能力的科学培养中，还要善于抓住青少年各项素质在不同年龄段发展的敏感期，见表8-2。表中罗列了后备人才技术能力及与此相关的多项身体素质的发展敏感期，抓住各项素质的发展敏感期，也就是在敏感期重点进行这项素质的训练，不要错过最佳时机。表中显示，后备人才的协调能力（反应能力、平衡能力、定向能力、区别能力）在12—13岁之前是发展的敏感期，因此在12岁之前重点培养后备人才的协调能力，为技术能力的培养奠定基础。技术能力发展的敏感期是10—13岁，因此在这一时期要重点强调技术学习与掌握的重要性，将技术训练作为重点训练内容安排在这个阶段的培养过程中。相比而言，最大力量和无氧耐力的敏感期出现的时间比较晚，因此不宜过早进行大强度的力量训练和耐力训练。

表8-2　不同能力发展敏感期模型

	能力	少儿		青少年	
		6/7—9/10	10/11—12/13	12/13—14/15	14/15—16/18
1	技术能力	●●●	●●●●		●●●
2	反应能力	●●●●			
3	平衡能力	●●●●	●●●●		
4	定向能力	●●●		●●●	●●●●
5	位置区别能力	●●●●	●●●●		
6	速度能力	●●●●	●●●●		
7	最大力量			●●●	●●●
8	快速力量	●●●	●●●●		
9	有氧耐力	●●●	●●●	●●●	●●●
10	无氧耐力		●●	●●●	●●●●

（二）了解专项能力，形成正确的素质-技术关系

专项能力是竞技能力训练的核心，在竞技体育后备人才的培养中进行

技术训练，最终都要指向“专项能力”，训练设计和实施应以专项为目标和依据。

专项能力是技术与素质的有机结合（图8-9），无论是技术还是素质，在比例上都不能脱离专项运动的特征而单独发展。在青少年技术训练中，不能过早发展专项能力，要强调技术能力训练的全面性，并有意识地地向专项倾斜，避免一般能力与专项能力相脱节。专项能力的训练必须建立在扎实的协调能力和一般能力的基础上。但一般能力作为专项能力的基础不能在比例和速度上超过专项能力的发展，一般能力过高容易造成技术与能力的失衡，影响专项水平的提升空间。

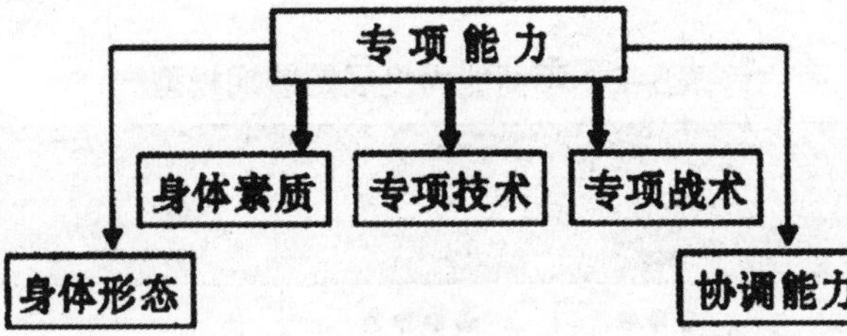

图8-9 专项能力的构成[①]

（三）区别对待，形成个性化、特色化技术风格

运动技术具有合理性、规范性和实用性。运动技术必须符合力学和生物学的原理和规律，是科学合理的技术。运动技术应该有一定的规范，而且应该是实用的，能够提高运动成绩。但是，运动技术并不是僵化不变的“模式”，运动员的个体条件对专项技术的形成与发展有很大的影响。因此，在竞技体育后备人才技术能力训练中，要考虑不同个体的身心水平、智力水平、运动水平等个人条件，在训练中区别对待，培养专项技术能力。同时，在科学训练理念的指导下允许后备人才有不同的技术风格，在不违背技术规

① 王家宏，姚辉洲.运动训练[M].桂林：广西师范大学出版社，2009.

范的前提下鼓励后备人才个性特点的发挥。①

第三节　竞技体育后备人才战术能力训练

战术能力是竞技能力的重要组成部分，是指运动员在比赛中根据对手、同伴、场地、环境等合理而准确地运用技术，完成比赛任务，战胜对手的能力。战术能力与技术、体能、心理、智能等竞技能力有着密切的关系。战术能力训练必须在身体训练、技术训练与心智能训练的基础上进行。竞技体育后备人才的战术能力训练不宜操之过急，避免浮夸，要因项因时而异，注重时效性、实效性。

一、竞技体育后备人才战术能力训练的任务

竞技体育后备人才战术能力训练的基本任务如下。

（1）掌握专项运动的战术理论知识并了解本专项战术的发展趋势。

（2）促进智能发展，培养战术意识。

（3）熟练掌握一定数量的战术，明确不同战术形式中的行动方法。

（4）熟悉掌握从事项目的竞赛规则。

（5）培养优良的道德品质和体育作风。

---

① 陈小平.竞技运动训练实践发展的理论思考[M].北京：北京体育大学出版社，2008.

二、竞技体育后备人才战术能力训练的方法

（一）程序训练法

运用程序训练法要遵循循序渐进的原则，要针对不同项群的战术特点而设计相应的训练程序。

1. 体能主导类项群的训练程序

选择战术方案→重复熟练→不同情况下进行战术训练→实战训练。

2. 技能主导类对抗性项群的训练程序

无防守训练→消极防守训练→积极防守训练→模拟比赛训练→实战训练。

（二）分解与完整训练法

1. 分解训练

将完整的战术组合过程划分为若干相对独立的部分，然后分部分进行练习的方法就是分解训练法。在学习新战术配合时采用这一方法有利于掌握战术配合的基本步骤。

2. 完整训练

完整进行战术组合练习的方法就是完整训练法。掌握基本的战术知识和战术能力后进行完整训练可促进战术水平的提高。

（三）加难与减难训练法

1. 加难训练法

加难训练法指的是训练难度比比赛要求还严格，在这种情况下进行的训练。采用这种训练方法有利于提高复杂情况下的战术运用能力。

加难训练法的运用方式有以下几种。

（1）限制技术动作完成的空间和时间条件。

（2）与高水平运动员进行对抗。

（3）在艰难或有干扰的环境中进行训练。

2. 减难训练法

按低于比赛难度的要求进行战术训练的方法就是减难训练法。在训练初始阶段采用这一训练方法有助于基本掌握战术步骤，之后要逐渐提高难度。

（四）模拟训练法

陪练人员模仿比赛中主要对手的特征，与陪练人员展开对练，在类似比赛条件的环境中进行练习，从而获得战术能力的训练方法就是模拟训练法。①这种训练方法的特点是针对性强。

随着竞技能力训练的不断发展，模拟训练方法得到了广泛的应用，不管在技能主导类项群中，还是在体能主导类项群中，都普遍采用这一训练方法来培养战术能力，有助于提高实战比赛能力。

（五）实战法

实战法是通过比赛来培养与提高战术能力的训练方法。这种方法有助于提高后备人才对战术的理解能力。在参加比赛前，有针对性地安排邀请赛或热身赛，提前演练战术行动，检验战术的实效性，以便及时完善。②

三、竞技体育后备人才战术能力训练的注意事项

（一）分配能量

在竞技体育比赛中，运动员在身心疲劳状态下能否继续灵活运用技术和

---

① 肖涛，孔祥宁，王晨宇.运动训练学[M].重庆：重庆大学出版社，2016.

② 马冬梅.运动训练学基础[M].北京：北京体育大学出版社，2005.

巧妙配合作战是影响最终比赛结果的关键。这个问题其实就是运动员的战术能力在疲劳情况下是否依然能稳定发挥。所以，在竞技体育后备人才的战术能力训练中，不仅要在精力充沛的时候进行训练，还要在疲劳情况下组织适当的训练。当后备人才出现疲劳症状后，不要立刻停止训练，要将练习时间适当延长，考验后备人才在体力不佳时的战术行动能力。为激发其在疲劳状态下的战斗力，可让陪练队员作为对抗的一方上场练习。这不仅是对后备人才战术能力的考验，也是对其体能与综合运动能力的考验。

此外，在竞技比赛中，运动员能否将自身的所有力量都调动起来，并在关键时刻将所有潜能释放出来，这直接影响最终的比赛结果。因此也要培养后备人才调动能量与合理分配能量以坚持到比赛最后的能力。在日常战术能力训练中，教练员可创设一定的比赛情境，在比赛的最后阶段让训练者加快速度完成技战术行动，将全部能量都在此刻发挥出来。

（二）适应艰难环境

竞技比赛充满很多不确定性，比赛结果也越来越无法预测，这就对竞技体育后备人才的战术能力提出了更高的要求。为了使后备人才能够适应各种比赛环境，要在日常训练中提高战术能力的训练难度，安排一些艰难环境下的训练，如在嘈杂的户外训练，在恶劣天气做好安全防护的条件下训练，在高原环境训练等。为了提高训练效果，教练员要提前根据训练目的、训练任务和训练需要而做好相关准备，将安全放在第一位，在确保安全的前提下展开训练，提高后备人才的适应能力和作战能力。

此外，在异常环境下进行战术能力训练，也要将实战场景融入其中，使后备人才更加明确训练的方向，而不是为了克服困难而克服困难。克服困难是为了锻炼意志，提高心理素质，提高环境适应能力，从而在真实的比赛中有更好的战术表现。在训练中教练员要设置一些战术问题，让后备人才独立解决或小组商量解决，提高其分析与解决问题的能力。

比赛毕竟是变化莫测的，运动员在比赛中遇到的临场问题未必都曾在训练中出现过，对于未曾遇到过的战术难题，要结合自己的训练经验去解决。具备了良好解决问题的能力的运动员往往能主动突破局限，在逆境中挑战自我，攻克难题，赢得转机。因此在战术能力训练中不可能设置所有的困难，关键是要培养后备人才的应对态度、解决问题的能力以及从容不迫的心理素质。

（三）加强团队合作

在集体运动项目中，团体的整体作战能力比个人的作战能力显得更重要，当然团体的整体能力是建立在个人能力基础上的，但在每个队员都具备良好技战术能力的基础上，还要强调团队的协作与配合，这是非常关键的内容，团队的协作直接决定着团队的战斗力，如果每个队员都很优秀，但就是缺乏团队意识，团队凝聚力差，那么依然难以取得比赛的胜利。因此在战术能力训练中，要特别强调团队合作的重要性，要通过增加时空限制来强化队员的合作意识，使队员清楚地认识到如果不团结合作，是无法完成任务的。为了培养后备人才的团队合作能力，要创建逆境训练环境，处于逆境中的人更能深刻感受到获得帮助是多么重要，并能在别人也身处困境时主动伸出援助之手。

为了提高后备人才的团队意识与合作能力，还要结合实战进行训练，安排优秀的队员作为对手而陪练，在实战中给训练对象制造困难，使其不得不与他人配合完成任务。教练员要做好场外指导，提醒训练者在什么时候该如何配合，如何掩护队友等。教练员要提出一些训练对象只有相互配合才能完成的训练任务，培养后备人才的合作意识与习惯，避免单独作战。

（四）提升团队应变能力

上面分析了团队合作的重要性，培养后备人才的团队合作意识后，还要提升整个团队的作战能力，尤其是在复杂多变的比赛中的应变能力，使团队能够相互配合灵活完成各项集体战术，达到预期的战术目的。对团队战术应变能力的培养关键是要创建充满变化的训练环境，在变化多端的训练中灵活应变，具体策略如下。

第一，在既定技战术计划的实施中，教练员突然发出改变战术的口令，训练者根据口令调整战术行动。

第二，不断更换上场的队员，替补队员上场后加入新的战术元素，改变原先的团体战术行动。

第三，安排不同风格队伍之间的对抗，制订应对不同队伍的战术方案，根据对手的实际情况而选用与调整团体作战方案。

（五）处理好分化与整合的关系

运动技术与战术都是由一些相对独立且相互联系的丰富多样的元素组合而成的，后备人才要掌握不同元素之间的内在联系与外在组合形式，从而更好地掌握运动技术与战术。在这个学习与掌握的过程中，要树立分化与整合的正确思想，分化指的是分析完整战术过程的各个组成部分，整合指的是将不同的战术行动组合成完整的战术方案。

后备人才在战术能力训练中，都是先学习简单的技术和战术，再学习复杂的技术和战术，先学习单个技战术，然后将相关的技战术组合起来进行练习。为了提高掌握的速度和熟练度，要先将完整的战术策略分解成若干相对独立且连贯衔接的环节，分析各个动作环节，发现细节错误，直至各个子环节都准确无误后，再将各个环节连接成完成的系统予以整体的把握。这个方法更适合运用于成套动作的学习中。如果在单个环节的分析中没有发现问题，就要分析各环节之间的连接是否存在问题，如果依然显示正常，但整体战术策略的效果还是不尽如人意，那么就要继续进行深入的分析，从根本上探寻问题的来源。一旦找出这个根源，就要制定深入的战略计划来解决这一顽固的问题。

在运动技战术模式的优化与完善阶段，需建立整合–分化的训练思想，从而使技战术模式达到完善，进而提高技战术能力。运动技能经过整合与分化而逐渐完善的过程如图8–10所示。尽力了这个过程后，后备人才便能够将技战术熟练掌握，达到自动化阶段。

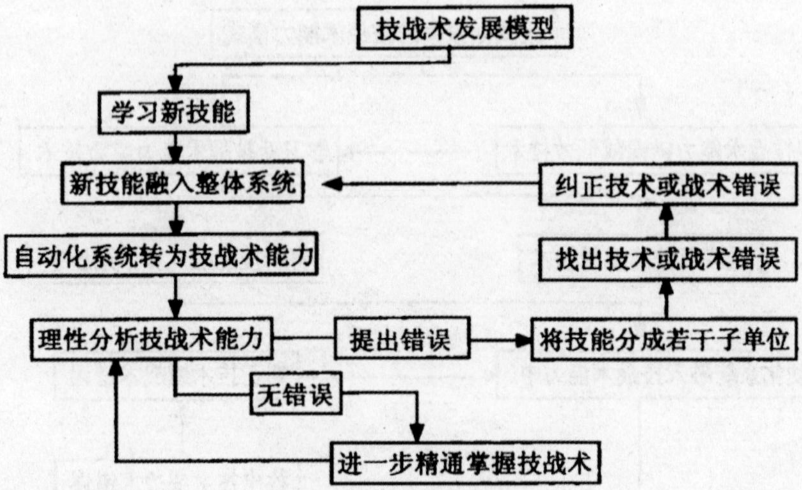

图8-10　技战术发展模型[①]

在战术能力训练中，如果后备人才对某项战术策略的掌握缺乏足够的熟练度，那么教练员可尝试对该战略的运动能力模式进行调整。教练员要先分析问题产生的原因，对战术模式进行理性而深入的分析，发现影响后备人才熟练掌握完整战术策略的那部分环节或某个因素后，对其进行修改或必要时将其去除，然后将新的要素引入其中来替代与补充，此时后备人才要重新学习与接受经过“改装”后战术策略，在反复练习中熟练掌握新的战术策略，如果可以准确无误地熟练掌握，那么就要在新的运动能力系统中引入该战术策略，这个过程如图8-11所示。

---

①（美）图德·邦帕，（美）格雷戈里·哈夫著，李少丹，李艳翎译.周期 运动训练理论与方法[M].北京：北京体育大学出版社，2011.

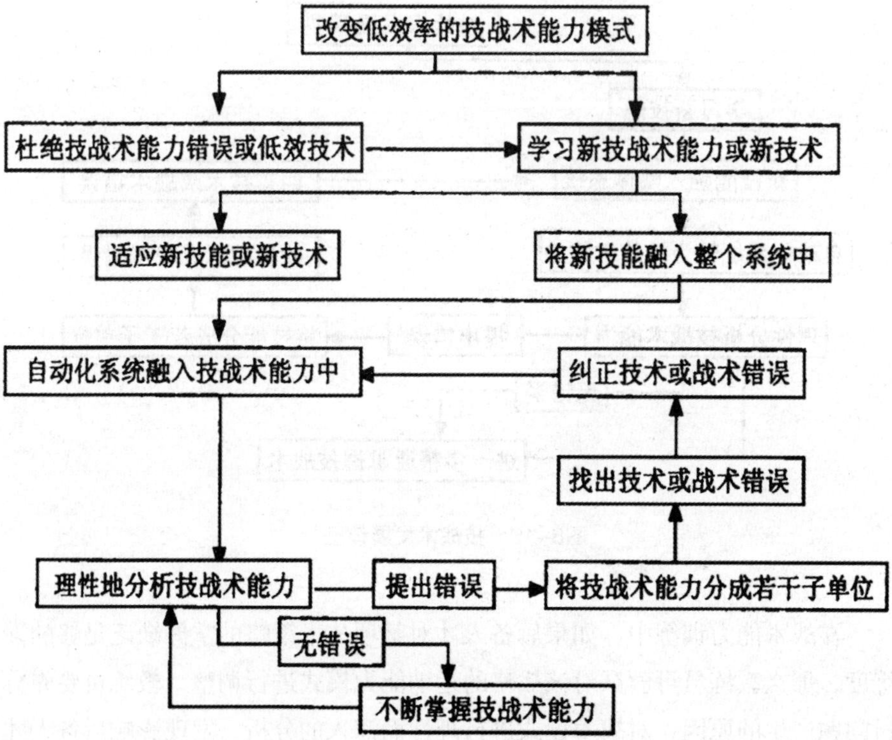

图8-11 改变低效率的技能模型①

①（美）图德·邦帕，（美）格雷戈里·哈夫著，李少丹，李艳翎译.周期 运动训练理论与方法[M]. 北京：北京体育大学出版社，2011.

第九章　竞技体育后备人才培养与训练的发展研究

竞技体育后备人才的培养与训练是一项非常重要的工作，只有培养出大量的高素质的体育后备人才，我国竞技体育才能获得顺利健康的可持续发展。本章就重点研究与分析如何更好地促进竞技体育后备人才的培养与训练，如何更好地促进后备人才综合竞技能力的发展和提升。

第一节　我国竞技体育后备人才培养的科学策略与发展趋势

一、我国竞技体育后备人才培养的策略

（一）树立“以人为本”的观念，坚持走可持续发展之路

竞技体育后备人才的培养应坚持“以人为本”的基本观念，注重运动员的个性化培养与发展，在运动员的培养与训练中，要切实处理好教练员、运

动员、管理人员之间的关系，妥善处理好一些敏感问题，可以根据实际情况制定有利于后备人才发展的分配机制和奖励机制，为竞技体育后备人才的发展创造良好的制度保障。除此之外，为免除运动员的后顾之忧，还要充分考虑青少年运动员的长远发展，在其升学就业、退役安置等方面给予必要的保障，如此才能免除后备人才及家长的后顾之忧，一心一意地参加运动训练。

另外，竞技体育后备人才的训练还要注重训练过程中运动员的具体表现，淡化运动员的比赛名次意识，将运动训练水平的提升看作是重中之重。在平时的运动训练中，还要时常检查运动员的身体素质和训练情况，不能盲目地对青少年进行专业化训练，要结合青少年的身心特点和发展实际制定科学合理的训练方案。总之，在青少年训练阶段，要以基础训练为主，只有奠定了良好的基础才能更好地参加今后的专业化训练。

在注重运动员训练过程的同时，评判运动员的运动成绩也是不可少的，在评判的过程中，要对参赛队员的年龄、参赛项目的性质、运动员的基本技能和赛场表现等各方面进行综合考虑，要提高评判的效率和准确性。总之，竞技体育后备人才的培养不是一个短期过程，而是一个长期的顺其自然的过程，只有坚持“以人为本”，走可持续发展的道路才能实现竞技体育后备人才培养的目标。

（二）优化竞技体育运动项目结构

在竞技体育后备人才的培养中，还应实施分级管理，扩大训练规模，鼓励形式多样的业余培训。要充分利用一切可以利用的手段加强竞技体育后备人才的管理。在运动项目布局方面，还要从不同类型项目的特点出发加强分类管理，对各个运动项目进行综合性的评估，明确运动项目发展的重点和难点，优化项目结构，提高发展效率。在现代竞技体育高度化发展的今天，我们还应保留传统优势项目的优势，挖掘潜在优势项目的价值，促进我国这些传统优势项目的进一步发展。

为促进我国竞技体育的长远发展，还要在各地区做好发展竞技体育的宣传，开发特色有优势的竞技体育项目。推动奥运会项目与非奥运会项目、夏季奥运会项目与冬季奥运会项目等的发展，重点发展一些相对落后的体育运动项目，扭转其落后发展的局面，为这些运动项目培养出一批高水平的运动员。

在具体的竞技体育人才培养中，应贯彻“突出重点，扩大优势，提高效益”的基本原则，不断优化竞技体育项目结构，为竞技体育后备人才的培养与发展提供各方面的保障，如此竞技体育后备人才才能获得健康的发展。

（三）充分发挥政府部门职能的作用

竞技体育后备人才的培养与发展还离不开政府部门的大力支持，相关部门要结合运动项目的具体实际充分发挥政策优势，制定与完善对体育人才培养有利的财政政策。另外，政府部门还可以建立一套激励制度，对取得优异的训练或比赛成绩的运动员给予必要的物质与精神奖励，从而提高运动员训练的积极性，促进其竞技能力的提升。

为充分发挥政府部门职能的作用，政府部门可以加强与体校的通力合作，引入市场发展机制，加强竞技体育的经营与管理。另外，体校也应充分发挥自身的资源优势，创新发展的模式，提高管理效益，为后备人才的发展创造良好的条件。

竞技体育后备人才的培养少不了一定的经济支持，因此各级政府部门还要加大资金投入的力度，在做好体校资源评估的基础上加强竞技体育后备人才培养的投入力度，这样能有效避免财政资源的浪费，节省支出。政府和体校应共同评估体校资源条件，在此基础上确定哪些项目产业开发价值大、市场前景好，然后针对性的发展。

学校在培养后备人才的过程中，除了获取政府部门的支持外，还要充分发挥自身的造血功能，要吸引社会力量加入其中，与体育企业展开合作，获得充足的资金扶持。学校在完成后备人才选拔工作后，企业或社会组织向学校提供赞助，与学校合办运动队，共同培养竞技体育后备人才。竞技体育后备人才的培养与发展，并不仅仅限于竞技体育的发展，大众体育在其中也扮演着十分重要的角色。大众体育获得发展了才能充实竞技体育选材面，为竞技体育人才的挖掘与培养提供丰厚的“土壤”。

（四）建设优秀的教练员队伍

在竞技体育后备人才培养与发展的过程中，教练员也在其中起着非常重要的作用。可以说，教练员队伍的质量如何在很大程度上影响着运动后备人才的培养质量。因此，加强教练员的培训，引入高水平教练员，构建一个综合素质较高的教练员队伍至关重要。

为提升教练员队伍的整体素质，需要注意以下几个方面的要求。

（1）重点培养那些金牌较多项目的教练员，这些项目是国家重点发展的项目，其发展受到国家政府部门的大力扶持。因此重点培养这些项目的教练员能起到重要的带头作用，从而更好地打造高素质的教练员队伍。

（2）可以构建一个教练员交流的平台，教练员之间相互交流经验，弥补自己的不足。还可以邀请国内外优秀教练员来学校讲座，开拓教练员的视野，更新教练员的训练与管理理念，从而为竞技体育后备人才的培养提供良好的帮助。

（3）采取各种手段与措施提高教练员的组织与管理水平，培训管理干部，培训形式要多样化，逐步建立一支拥有较强责任心和高素质的管理干部队伍，这对于竞技体育后备人才的培养具有重要的作用。

（4）积极培养年轻的教练员，通过大量的实践充分挖掘的发展潜力，注重其文化素质的培养，不断提高其训练能力和执教能力。

（5）加强人事制度的改革，实行聘任上岗制，这种制度能培养教练员的责任感。同时还要建立一套完善的考核制度，激励教练员不断完善和提高自己的能力与水平。

（五）完善竞赛制度，提升竞赛水平

在竞技体育的发展中，体育竞赛是非常重要的环节。伴随着竞技体育的不断发展，大量的高水平体育赛事层出不穷，这是竞技体育高度化发展的重要标志。大量的实践表明，优秀的竞技体育后备人才的培养离不开体育赛事的举办，只有通过体育赛事才能检验后备人才的真实水平，从而向高水平运动队输送高水平的体育人才。另外，还要进一步完善体育竞赛制度，竞赛制

度的制定与完善应考虑是否对竞技体育项目的发展有利，是否有利于后备人才的挖掘与培养。通过体育竞赛制度的改革与完善可以说是促进竞技体育后备人才水平提高的重要举措。

除此之外，还要充分利用好各种社会资源，调动社会力量积极参与竞技体育后备人才的培养。赛事主办方及管理人员要加强对品牌体育赛事的建设，如此能获得良好的经济效益与社会效益。依托丰富的赛事资源和良好的办赛声誉而加强对赛事表演市场的开发与拓展，对办赛资源合理配置，促进体育赛事结构的不断优化，进一步创建赛事品牌，培育优秀的赛事运作团队，促进赛事表演市场效益的提升。

为吸引人们参与体育赛事的目光，还可以重点打造一些具有鲜明地域文化特色的青少年体育赛事，如“韩信杯”象棋国际名人赛、环白马湖自行车赛等，将培养优秀的青少年运动人才与弘扬特色体育文化有机结合起来。体育赛事的举办需要大量的资金做保障，因此各地政府部门应逐步扩大资金筹集渠道，吸引社会力量的投资，为比赛的顺利举办提供良好的保障。在举办赛事的过程中，还可以加强体育赛事无形资产的开发，逐步完善体育赛事市场运作模式，建立体育品牌赛事，实现经济效益与社会效益的共同发展。

（六）体育与教育融合，促进青少年体育发展

为促进青少年后备人才的培养，还可以加强体育与教育的融合，走体教融合发展的道路。在发展的过程中，各学校应积极创建科学的制度化机制，加强体育教育资源的挖掘与整合，实现良好的体教融合的效果。各级体育和教育部门应建立联席会议机制，定期研讨，将体教融合工作提上日程，按部就班地开展各项工作。各地体育局和教育局要相互配合，做好各方面的调查与准备，打破传统观念的壁垒，为真正实现体教融合奠定必要的基础。

加强体教融合，促进青少年后备人才的发展应注意以下方面。

1. 鼓励名校办名队

积极开展“名校办名队”“名队进名校”等工作，充分利用学校的优势资源，发展群众基础广泛、适合推广的体育项目，先发展的学校要带动后发展的学校，逐步提高体育后备人才培养的效率和质量。除此之外，还可以充

分利用社会力量，加强体育资源的整合，开发出适合大众口味的竞技体育产品或服务。

学校与体育部门共同制定“名校办名队”的规划，确定良好的管理办法。在学校体育发展规划、学校体育评估与考核体系中纳入“名校办名队”规划，评估学校的办学效益时，适当增加学校体育的评估权重。政府部门要根据学校的实际情况合理选择与布局体育项目，这些项目要与各地区的具体实际情况相适应。

另外，还要建立合理的体育后备人才梯队网络，充分利用网络平台丰富的体育资源加大对在职教师与教练员的培训力度，尤其要注重对基层师资的培训，制订专职师资配备计划，多渠道配置体育师资资源，建立引进优秀运动人才，保证“名校办名队”工作能够得到顺利的开展。

学校相关部门要落实好运动员招生、学籍管理、校本课程制定、运动训练管理等各项工作。地方体育局应积极选派优秀教练员进入基层体校或体教融合的学校对青少年后备人才进行细致的指导，为其健康发展提供良好的保障。

2. 优化教体结合布点学校

各地教育部门与学校部门加强沟通，全面推进各地网点学校的建设，教育部门积极配合体育部门建设体育传统项目学校和青少年体育俱乐部，以基础项目为试点，建立从幼儿园到小学、中学、大学的“一条龙”培养体系，这能为体育后备人才的挖掘与培养创造良好的条件。为进一步优化体教融合布点学校网络，需要重点做好以下几个方面的工作。

第一，要扩大布点学校的规模，这样便于选拔大量的优秀的竞技体育后备人才。

第二，充分利用良好的场地和师资资源，做好布点学校的调整整合工作。

第三，积极支持学校运动队参加各种培训、比赛等活动，促进布点学校文化教育与体育训练的全面发展。

3. 成立青少年体育协会

成立青少年体育协会也是一项不错的促进竞技体育后备人才发展的措施。要积极引导体教融合布点学校从本地体育传统、特色体育文化及学校实际情况出发成立青少年体育俱乐部或协会，俱乐部或协会积极组织青少年体育培训、体育交流、体育比赛等活动，为学生提供学习借鉴、交流提高的平台，并不断扩大布点学校的影响力，扩大辐射范围，促进学校体育事业的进一步发展。

（七）完善竞技体育后备人才培养模式

伴随着竞技体育的不断发展，我国竞技体育后备人才的培养模式也发生了一定的改变，以往传统体校的培养模式已无法满足现代社会多元化的发展需求，因此需要探索更为合理的人才培养模式。伴随着职业体育的高度发展，俱乐部人才培养模式符合新时代社会多元发展的要求，也能弥补传统体校人才培养的弊端，因此受到人们的追捧。大力推动职业俱乐部的运营与发展，完善这一后备人才的培养模式，有助于为我国培养出更多优秀的职业运动员。

1. 在俱乐部人才培养模式下设置适合的文化课程

为保障职业体育俱乐部更好地运行，要重视青少年运动员的文化教育，因此根据职业体育俱乐部的特点和人才培养需要来设置文化课程很有必要。职业运动员主要来源于青少年群体，从青少年中选拔后备人才，将其培养成为职业运动员是很普遍的现象。培养职业运动员，要抓住青少年身心发展的黄金期，青少年时期也是运动员一生中学习文化知识的黄金期，因此对青少年后备人才进行文化教育刻不容缓。

目前来看，职业体育俱乐部运动员的文化课教育不管是专业素养还是基础知识能力，普遍不及正规学校的文化课教师，这也是俱乐部运动员文化素质整体较低的主要原因。所以，要促进职业体育俱乐部后备人才培养模式的进一步完善，就应该在俱乐部设置合理的文化课程，研发适合运动员特征和满足其需求的文化课程，在实践教育中不断完善课程体系，提高文化教育质量。同时还要配备专业的文化课师资队伍，提高运动员的文化知识素养，促进运动员的全面发展。俱乐部运动员的文化学习应与学校教育衔接起来，在学校文化课考试期间安排青少年运动员去学校考试，从而解决职业体育俱乐部青少年运动员训练和参赛的后顾之忧，培养全方面发展的青少年后备人才。

2. 开展大数据人才选拔

对职业体育俱乐部培养后备人才的模式进行优化与完善，要重视对高质量生源的吸收与吸引，对青少年比赛中的种子选手进行数据选拔是扩大生源和后备人才培养规模的有效方式。这就需要在举办青少年赛事的过程中开展数据采集和整理工作，在主要位置上安排优秀运动员的数据，为优秀运动员配备专业教师与教练，重点培养和管理。在各种青少年体育比赛中关注运动员的竞技表现、临场发挥和综合素质，记录重要数据信息，以便在人才选拔与培养中有实质性的参考依据。

为选拔出高素质的后备人才，还要不断扩大招生范围，面向中小学尤其是传统体育学校招生，然后进行多层次的大规模培养，选拔出更多优秀的人才。此外，深化与细化数据人才选拔方式也能将优秀生源吸引到职业体育俱乐部中。随着竞技体育运动的不断发展，要不断更新体育人才培养理念，更新教育与训练理念，通过数据采集优选更多有潜力、有天赋、有可塑性的后备力量，提高人才的成材率。

3. 加强对职业体育俱乐部的管理

职业体育俱乐部本身的发展情况会影响其对后备人才的培养质量，因此必须重视对职业体育俱乐部的管理，促进职业体育俱乐部的良性运作与可持续发展，从而充分发挥俱乐部培养后备人才的功能。在职业体育俱乐部管理方面，首先要建立合适的组织管理机构和梯队管理机构。职业体育俱乐部应设置必要的职能部门，明确各部门的职责，由职业体育俱乐部事务部对运动队进行管理，下设不同级别的教练员组成教练队伍对运动队的日常训练进行管理，这个管理模式的主要特点是逐级负责，责任明确。

在职业体育俱乐部发展中还应完善相关规章制度，健全管理体系，提高对俱乐部管理的科学性、规范性，如运动队训练制度、人才输送制度、奖惩制度等。

（八）重视并加强后备人才的基地建设

1. 重视基地建设，做好后备人才培养的长远规划

省市青年队、体育俱乐部、体校、传统项目学校等是训练基地的主要组

成单位，基地的主要任务是培养青少年后备人才，向上级部门输送优秀运动员。建设训练基地对培养后备人才具有重要意义。在响应国家和地方号召，落实政府部门相关政策，顺应市场经济要求的基础上大力建设训练基地，保证基地人才培养工作有序开展，这是新时代我国培养竞技体育后备人才的重要路径之一。

运动训练基地建设质量直接受政府部门重视程度的影响，对此，国家和地方政府部门尤其是领导部门要提高这方面的重视，并为基地的长远发展制订规划，明确基地建设与发展目标，为基地培养篮球人才提供方向与动力。在基地发展规划的设计中，必须从长远考虑，采取阶段性推进的建设方式，先做好基层工作，稳扎稳打，再逐步开展更高阶段与更高水平的建设与培养工作，从而一步步实现基地发展目标和人才培养目标。

2. 完善学训体制，提高运动训练基地的人才输送率

培养与输送优秀的竞技体育后备人才是建设训练基地的主要目的，政府部门、运动员及其家长都很重视这个问题。为了更好地实现这个目的，得到政府部门、运动员及广大家长的认可，基地要重视对教育训练体制的改革与完善，为运动员谋划更好的出路，提高人才培养率和输送率，解决后备人才退役后的工作与安置问题。基地还应做好与体校运动队或普通高校高水平运动队的良好衔接，保障竞技体育后备人才的受教育权，为其全面发展和再就业做好规划。

3. 完善管理模式，提升竞技体育后备人才的培养质量

运动训练基地的办学品质和人才培养质量直接受基地管理模式的影响，只有科学管理，加大管理力度，才能实现基地长远发展的目标。为了完善管理模式，提高管理效率，有必要强调程序化管理的重要性，落实方法如下。

（1）每天按时汇报、公示日工作计划。

（2）教练员按规定、计划开展训练工作。

（3）运动员按相关条例与制度进行日常学习与训练。

（4）经费预算、审核都要按指定程序落实。

（5）严格按照规定使用场地设施，提高维护意识，定期检查，排除安全隐患。

提高运动训练基地管理的程序化水平，清楚训练基地的各项工作，明确职责与任务，有明确的目标，在工作中及时发现与解决问题，基地所有人员严于律己，共同努力促进基地办学品质及人才培养质量的提升。

4. 完善医务设施，保障竞技体育后备人才的健康

医务设施建设也是运动训练基地建设的重要内容，提高医务条件，能够为后备人才安全训练和参赛提供保障。基地在医务建设中要重视对专业医务组织和医疗团队的配置，基地的医务设施建设的在很大程度上直接影响运动员的训练与参赛。只有完备的医务设施才能保障运动员的身体状况。基地在医务设施上要配备专业的医务室和医务人员，定期检查运动员的身体情况，及时发现健康问题，采取科学的医疗手段来解决健康问题，为运动员的身体健康保驾护航。

二、我国竞技体育后备人才培养的趋势

（一）紧跟时代发展的形势，树立全新的人才培养观

在竞技体育中，主要的目标就是取胜，夺标育人是竞技体育“最基本和持久的信念,”，这也是竞技体育的一大魅力。正因如此，竞技体育才获得持续不断的发展。人才在竞技体育发展中扮演着十分重要的角色。因此，加强竞技体育人才的培养，树立全新的人才培养观，及时转变旧有的培养模式与方式至关重要。体育教育与运动训练相结合，重视运动员训练的同时加强其文化课知识的学习，同步提高文化知识和运动技能，促进运动员的全面发展。①

---

① 宋丽华,赵晓光,王福军.竞技体育后备人才培养模式的研究现状与发展趋势[J].吉林体育学院学报,2010,26（06）：18-20.

（二）加强竞技体育资源的整合与发展

加强竞技体育资源的整合具有十分重要的意义，国家对竞技体育后备人才的培养采取了一些扶持的政策，对人才培养进行了相关的专项拨款，这为竞技体育后备人才的培养奠定了良好的经济基础，但也不能仅仅局限于此，而是还要与教育系统的体育资源整合在一起，形成一个贯穿“小学—中学—大学”一条龙的培养体制。另外，竞技体育后备人才的培养还少不了家庭与社会环境的营造，家庭、学校或体育俱乐部等要密切配合，看后备人才是否适合走职业化发展道路。

（三）健全法规，加强法制化建设

为保证竞技体育后备人才工作的顺利开展，相关工作人员应该在竞赛、选拔、招生、考评等方面做到公平公正，严格按照既定的规则进行。要构建一整套健全和完善的人才培养法规，加强后备体育人才的法制化建设。确保竞技体育后备人才培养工作的有序进行，对于那些违反人才培养法规的行为给予必要的惩罚，如此才能为竞技体育后备人才的培养奠定良好的法律基础。

（四）注重“以人为本”“体教融合”的发展

“以人为本”可以说是竞技体育后备人才培养的一个非常重要的原则，这一原则要求，在培养人才的过程中要依据后备人才的具体实际开展各项活动，将后备人才看作整个培养工作的核心，一切工作的开展都是为了提高后备人才的竞技水平和素质。除了遵循“以人为本”的基本原则外，还要走“体教融合的发展道路。”大量的实践与事实表明，体教融合是我国竞技体育及其人才培养的一个明确的发展方向。体教融合实质就是通过普通学校的教育来造就和培养优秀竞技体育后备人才，它要求在保证青少年接受普通教育的基础上，对其运动才能进行开发和训练，使运动员接受全面系统的教育，这是实现竞技体育可持续发展的重要保证。[①]这是已被国外的竞技体育人才培养的实践所证明了的事实。

第二节　竞技体育后备人才训练水平发展与提升的策略

一、我国竞技体育后备人才训练中存在的问题

（一）训练体系有待完善

目前，我国竞技体育后备人才的训练体系还存在不少问题，需要找出导致这些问题的原因，然后采取有针对性的措施和手段加以解决。在我国竞技体育后备人才培养体系中，存在着这样一些问题，那就是教练员面向青少年运动员采取的训练体系和面向职业运动员这类训练对象所采取的模式无异，或者直接将职业运动员的训练模式照搬到青少年运动训练中，这是非常不科学的。青少年的身心发展特点与规律和职业运动员有着明显的区别，他们的一般身体素质和专项身体素质与职业运动员相比也有着一定的差距，因此照搬职业运动员的训练模式来训练青少年后备人才是不现实的，是不利于青少年后备人才的身心健康发展的。另外，在青少年运动训练中盲目采用大强度训练方法，更容易增加运动损伤发生的概率，不仅会打击青少年参加运动训练的积极性，而且还影响其健康成长。由此可见构建一个完善和合理的训练

① 宋丽华，赵晓光，王福军.竞技体育后备人才培养模式的研究现状与发展趋势[J].吉林体育学院学报,2010,26（06）：18-20.

体系的重要性。在合理的训练体系下按照既定的训练手段和方法，按照事先制定好的训练计划开展训练活动，能保证青少年后备人才的健康发展。

（二）训练内容有缺陷

在我国青少年竞技体育后备人才的训练中，训练内容也存在着一定的问题，突出表现在训练内容较为单一和宽泛，缺乏一定的针对性。有针对性地安排训练内容，实施精细化训练，这是提高青少年后备人才训练效果的重要举措，而如果训练内容过于宽泛，青少年就抓不到训练的重点，长此以往就会失去训练的兴趣，难以取得理想的训练效果。

另外，在竞技体育后备人才的运动训练中，还存在着内容安排不合理的现象，没有针对不同层次和水平的青少年设置层次化训练内容，导致基础差的青少年跟不上训练节奏，基础好的青少年运动员难以激发学习与训练的兴趣，导致其运动水平都很难得到进一步的提升。

心理、智能等在运动训练中也扮演着十分重要的角色，如果不注重这方面的训练，青少年运动员就会出现疲劳感和厌倦心理，因此一定要将体能、技战术、心理与智能等素质训练结合起来进行。青少年思维比较活跃，如果长期接受单一的机械性训练，其心理需求就无法得到满足，这对于竞技体育后备人才的长远发展是十分不利的。

针对青少年运动员训练内容存在缺陷的问题，在今后的竞技体育后备人才培养与训练中必须重视训练内容的更新与优化，增加新的训练内容，创新训练手段与方法，如此才能激发青少年运动员训练的积极性，取得理想的训练效果。

（三）忽略了心理训练

伴随着竞技体育的不断发展，在现代社会背景下，对体育后备人才的要求越来越高，要求后备人才必须具备全面的素质，不仅要具备出色的体能与技战术素质，同时还要具备良好的心理素质，这是非常重要的。青少年运动员在参加运动训练的过程中，不仅要注重身体素质和技战术训练，还要重视心理素质的训练，充分认识到心理素质训练的重要性，将其作为日常运动训练的重要内容。在具体的实战对抗中，关键时刻运动员的心理素质决定着比赛胜负，身体素质强、技战术水平高的运动员如果缺乏良好的心理素质，在比赛中失误频发，就会影响比赛成绩。但需要注意的是，目前在我国体育后备人才的日常训练中，心理训练还比较匮乏，不受教练员与运动员的重视，这一情况非常不乐观，需要今后大力改进。

二、促进竞技体育后备人才训练水平发展与提升的策略

（一）增加对抗性训练

竞技体育后备人才训练的主要目的在于提高训练水平，获得理想的比赛成绩。要想在比赛中发挥出正常的实力和水平，运动员就必须要在具体的训练或实战中增加对抗性训练，在这种接近于比赛的条件下进行训练通常能取得不错的效果。

发展到现在，学校已成为培养竞技体育后备人才的重要阵地，越来越受到我国各个部门的重视。在当今我国学校体育教育中，教学课与训练课的安排较多，但实战课却很少，其中一个重要的原因就是预防学生在实战中受伤，而且组织实战对学校体育条件提出了一定的要求，不具备条件的学校往往会放弃组织实战。但要提高体育后备人才的运动技能，增加对抗性训练是必需的，这一局面需要今后加以扭转。

在运动后备人才的对抗性训练中，教练员要注意根据后备人才的运动水平和身体水平来分组，对抗双方的水平要相当，不能相差太大，分组对抗中对于表现好的一组要给予奖励，以提高后备人才的训练积极性。适当增加对抗性训练对提高后备人才的专项身体素质、比赛适应能力、技战术运用能力、心理素质、篮球意识等都具有非常重要的意义。由此可见，增加训练中的对抗性训练是促进我国竞技体育后备人才训练水平提升的重要策略。

（二）加强实战训练

竞技体育比赛充满着竞争，比赛过程都是异常激烈的，这个竞争既是体力和技战术的较量，也是智慧的较量，既需要运动员体质好、毅力强、技战术水平高，也需要团队对抗性强、合作默契、团结一致。运动员参加运动训练就是为了迎接实战而展开的工作，从时间上来看，训练在前，实战在后，二者是相互分离的状态，但脱离实战的训练不利于培养竞技体育后备人才的自信心，不利于培养整个团队的协同作战能力和协作配合意识，如果一名运动员有很高的技能水平，但缺乏集体意识和配合技巧，那么也难以在比赛中获胜。因此，结合实战进行日常运动训练，强化运动训练的实战化，使体育后备人才抓住每一次实战机会，能够培养他们的自信心和竞争意识，培养其集体主义精神和团体协作能力。一个有默契、懂配合、将集体利益放在个人利益前面的团队在赛场上是令人尊敬和称赞的。

（三）适当应用新技术

为促进竞技体育后备人才训练水平的提升，教练员需要为其提供必要的指导。以学校中的高水平运动员训练为例，很长一段时间以来学生运动员的训练强度不是很大，过于注重最后的考核，而在一定程度上忽略了整个训练的过程。这种情况导致大学生运动员在平时的训练中不够用心和投入，自由散漫，没有规划，没有认识到这对其未来职业生涯的重大影响。这种现象严重阻碍了这些后备人才的健康成长与发展，对于自己今后的职业运动生涯是非常不利的。

在今后的运动训练中，教练员要注重训练方法、训练模式、训练组织形式等方面的创新，利用现代新技术加强以上几个方面的创新。充分借鉴与吸收其他国家先进的训练理念和模式，并结合我国的具体实际创新出具有我国特色的训练模式，从而有效提升运动员训练水平。

（四）通过游戏形式增加训练的趣味性

受各方面因素的影响，我国竞技体育运动训练无论是在训练内容还是训练方法等方面都存在枯燥单一、乏味无趣等问题，导致训练效果不是很理想。而如果在训练中增添一些游戏元素，进行趣味性训练，便能有效调动竞技体育后备人才训练的热情，提高他们的自主参与度。例如，在足球运动训练中，传球技术训练可设计传球绕桩游戏，使青少年在轻松充满乐趣的欢快氛围中掌握并熟练运用传球技术，这样能在充满趣味性的训练中提高训练效果。

竞技体育非常重视运动员各项素质的发展，而体能便是其中一项非常重要的内容。可以说，良好的体能是后备人才在训练和比赛中坚持完成任务、取得理想成绩的基础条件。因此充沛的体能对后备人才来说非常重要。为促进后备人才体能素质的发展和提高，可以采取各种办法。跑步便是一种最传统的体能训练方式，也是提高后备人才体能素质尤其是速度、力量和耐力的有效方式，但如果将这一训练方式贯穿于体能训练计划的始终而不加改变或调整，或者说在速度或耐力训练的整个过程中单纯采用这一种方式，容易使青少年产生厌烦和排斥感，从而影响他们在训练中的态度和表现，鉴于此，可以采用在大自然环境下锻炼青少年运动员体能的方式，在亲近大自然的条件下，青少年运动员能获得良好的情感体验，激发体能训练的积极性。

（五）加强心理训练

优秀的运动员通常都具备良好的心理素质，这已是被大量的实践证明了的事实。在竞技体育比赛中，运动员的心理素质起着十分重要的作用，尤其是在双方技术水平相差不大的情况下，心理素质往往成为决定胜负的关键因素。因此，在平时的训练中，加强运动的心理训练理应受到重视。

运动员的心理训练并不是一个短暂的过程，而是要经过长期的训练才能实现既定的目标。在竞技体育运动训练中，教练员可以专门安排运动员的心理训练，也可以将心理训练融入体能和技战术训练中，作为技能训练的辅助方。实战训练更有助于培养青少年后备人才的心理素质，紧张的比赛氛围能够锻炼青少年适应紧张比赛环境的能力，可以使其克服紧张和恐惧心理，使其心理承受能力得到增强，这对于其取得理想的比赛成绩具有重大的帮助。

（六）培养集体意识

竞技体育运动训练不是儿戏，对运动员有着很高的要求，对运动员的综合素质要求较高。如必须具备出色的体能、心理、智能和技战术水平等，其中有些能力是无法在单纯的训练中获得发展和提高的，需要将训练和比赛结合起来。在竞技体育运动中，有很多项目是集体项目，运动员个人能力的强化直接影响团队的作战能力，因此每个队员都要有高度的集体意识，要将自己置身于团队中明确自己的角色定位，明确自己的职责与作用，并在自己的角色上履行好职责，完成自己的任务，并协同帮助其他队员完成任务，最终完成团队的任务，提高团队的整体能力。在平时的训练中，要多采用赛练结合的方式进行训练，这样能有效提高竞技体育后备人才的集体意识和荣誉感，这对于维护运动队的团结，取得理想的比赛成绩能奠定良好的基础。

在当前我国竞技体育后备人才训练中，青少年运动员的训练主要以技术训练为主，涉及队员配合的训练内容相对较少，这不利于培养后备人才的合作意识、团体意识，不利于整个团队取得质的提升。对此，可以在日常训练中多安排一些团队协作才能完成的训练或实战演练，增强队员之间的默契度，这对于整个团队竞争力的提升具有非常大的帮助。

参考文献

[1]张振华.体育教学理论与方法[M].北京：北京师范大学出版社，2016.

[2]舒盛芳.大国竞技体育崛起及其战略价值研究[M].上海：上海人民出版社，2015.

[3]王晓红.运动员群体社会分层论域下的文化教育研究[M].北京：北京体育大学出版社，2012.

[4]彭亦兵.优秀运动员素质教育导论[M].哈尔滨：哈尔滨工程大学出版社，2008.

[5]李启迪.体育教学基本理论研究[M].北京：北京师范大学出版社，2014.

[6]杨再淮.竞技体育后备人才培养[M].北京：人民体育出版社，2006.

[7]史连峰，吴立娟.休闲体育与全民健身[M].长春：吉林文史出版社，2016.

[8]黄飞.中国体育消费与发展研究[M].长春，吉林人民出版社，2019.

[9]杨卓.现代运动训练内容分析与创新方法研究[M].北京：中国商务出版社，2017.

[10]梁智恒，孙丽波，鞠复金.运动训练原理与实践[M].哈尔滨：东北林业大学出版社，2008.

[11]张忠秋.优秀运动员心理训练实用指南[M].北京：人民体育出版社，2007.

[12]胡桂英.运动心理学[M].杭州：浙江大学出版社，2008.

[13]阳艺武.竞技体育后备人才培养可持续发展运行机制研究[M].武汉：武汉大学出版社，2018.

[14]周战伟.基于发展方式转变的上海市竞技体育后备人才培养研究[D].上海体育学院，2016.

[15]张永龙.安徽省竞技体育后备人才培养现状分析与对策研究[D].福建师范大学，2006.

[16]汪悦. “企校合作型”竞技体育后备人才培养方式的个案研究[D].西南大学，2020.

[17]段丽宁.供给侧结构性改革视域下我国竞技体育后备人才培养路径构建[D].天津体育学院，2020.

[18]李广.江苏省淮安市竞技体育后备人才培养研究[D].苏州大学，2017.

[19]刘攀.新中国竞技体育后备人才培养理念的变化与发展研究[D].首都体育学院，2008.

[20]王立华. 南通竞技体育后备人才培养研究[D].北京体育大学，2015.

[21]刘庆山，周洪珍，吴燕波，陆明辉.广东等六省市竞技体育后备人才培养状况的比较研究[J].西安体育学院学报，2004（02）：13–16.

[22]侯海波等.国外竞技体育强国后备人才培养体制及启示[J].上海体育学院学报，2005（04）：1–5+15.

[23]云颖，赵少雄.关于构建海南省竞技体育后备人才培养体制的研究[J].山西师大体育学院学报，2006（S1）：100–102.

[24]吴新炎，李芙蓉.论德国竞技体育后备人才培养中政府的作用[J].学理论，2011（15）：228–229.

[25]安雅然，韩冰.竞技体育后备人才培养机制理论研究[J].沈阳师范大学学报（自然科学版），2003（03）：219–222.

[26]葛幸幸，唐建倦.竞技体育后备人才培养中不同层次利益整合的机制[J].体育学刊，2009，16（08）：24–27.

[27]唐建倦.中国竞技体育后备人才培养保障机制发展研究[J].南京体育学院学报（社会科学版），2009，23（04）：123–125.

[28]马志和，徐宏伟，刘卓，李金龙.论我国竞技体育后备人才培养体制的创新[J].体育科学，2004（06）：56–59.

[29]张文普.河南省竞技体育后备人才培养体系研究[J].广州体育学院学报，2004（06）：28–31.

[30]周建梅，钟秉枢，张志华.竞技体育后备人才培养温州模式及投资状况研究[J].北京体育大学学报，2006（05）：594–596.

[31]陈林会，刘青.区域经济一体化条件下川渝地区竞技体育后备人才培养模式构想[J].成都体育学院学报，2007（04）：14–18.

[32]冯骏杰，刘江南，黄德敏，许静.竞技体育后备人才培养创新理论研究[J].广州体育学院学报，2013，33（04）：1–7.

[33]何青.我国运动员社会保障体系存在的问题及对策研究[J].运动，2015（06）：3–4.

[34]杨蒙蒙，吴贻刚.竞技体育后备人才培养中政府与社会力量互动关系研究[J].体育科技文献通报，2018，26（10）：74–77.

[35]董川，陈玲.我国运动员社会保障的机遇、挑战与对策[J].牡丹江师范学院学报（自然科学版），2020（02）：66–69.

[36]张丽娜，张恒波，陈志辉.专业运动员职业教育不同阶段的保障机制研究[J].体育科技，2015，36（04）：5–7.

[37]张丽娜，张恒波，陈志辉.浅谈专业运动员职业培训的四个基本原则[J].当代体育科技，2015，5（22）：171+173.

[38]王天宇.美国、德国、澳大利亚和日本职业培训的特点及对我国运动员开展职业培训的启示[J].文体用品与科技，2014（12）：24.

[39]张书惠.我国运动员退役安置问题的对策研究[J].社会与公益，2020（03）：49–50.

[40]杨尚剑.我国运动员退役安置系统特征、演化及调控机制——基于复杂适应系统理论[J].北京体育大学学报，2021，44（04）：69–81.

[41]唐长青.基于科技创新与高校体育结合发展路径研究[J].经济师,2020(11)：163–164.

[42]杨程陈.浅谈竞技体育与科技的结合[J].当代体育科技,2017,7(32)：183+186.

[43]刘学钧.学校体育教学体系的结构与层次探析[J].浙江教育学院学报,2001(01)：133–135.

[44]翟锋.体教结合下陕西省高校高水平运动队训练体系和训练原则构建研究[D].陕西师范大学,2014.

[45]郑跃军,吴冶.我国运动训练体系的发展趋势[J].河北体育学院学报,2008(06)：44–46+62.

[46]宋丽华,赵晓光,王福军.竞技体育后备人才培养模式的研究现状与发展趋势[J].吉林体育学院学报,2010,26(06)：18–20.

[47]宋芷媛.我国竞技体育队伍文化素质教育问题研究[J].运动,2018(16)：4–5.

[48]黄国权.高等学校校园体育文化环境建设[J].冰雪体育创新研究,2020(24)：23–24.